UNIVERSITÉ DE FRANCE.

ACADÉMIE DE STRASBOURG.

ACTE PUBLIC

POUR LA LICENCE,

PRÉSENTÉ

A LA FACULTÉ DE DROIT DE STRASBOURG

ET SOUTENU PUBLIQUEMENT

le Lundi 18 Janvier 1858, à midi,

PAR

ÉMILE GEORGE,

de Belfort (Haut-Rhin).

STRASBOURG,

DE L'IMPRIMERIE D'ÉDOUARD HUDER, RUE DES VEAUX, 4.

1858.

A MA FAMILLE.

E. GEORGE.

FACULTÉ DE DROIT DE STRASBOURG.

MM. Aubry ✳ . . . . . . doyen et prof. de Droit civil français.
Hepp ✳ . . . . professeur de Droit des gens.
Heimburger . . . . . professeur de Droit romain.
Thieriet ✳ . . . . . professeur de Droit commercial.
Schützenberger ✳ . professeur de Droit administratif.
Rau ✳ . . . . professeur de Droit civil français.
Eschbach . . . . . . professeur de Droit civil français.
Lamache ✳ . . . . . professeur de Droit romain.
Destrais . . . . . . professeur de Procédure civile et de
Droit criminel.

M. Blœchel ✳ . . . . . . professeur honoraire.

MM. Lederlin, professeur suppléant provisoire.
Marinier, *idem.*

M. Bécourt, officier de l'Université, secrétaire, agent compt.

MM. Thieriet, président de la thèse.
Schützenberger,
Rau, ⎫ examinateurs.
Marinier, ⎭

*La Faculté n'entend approuver ni désapprouver les opinions parti-
culières au candidat.*

JUS ROMANUM.

DE FIDEICOMMISSARIIS HÆREDITATIBUS.

PARS GENERALIS.

De substitionibus et fideicommissis generaliter inspectis.

Substitutio est designatio ejus qui in alius locum succedit[1]. Substitutiones directæ vel vulgares et indirectæ apparent; indirectis substitutionibus fideicommissi jus romanum dat nomen.

Directarum species substitutionum triplex est : 1° *vulgaris* substitutio; 2° *pupillaris* substitutio; 3° *quasi-pupillaris vel exemplaris* substitutio.

1° Substitutio vulgaris est ea quæ fit a quolibet testatore, instituto cuilibet hæredi, in casu si prior hæres non erit; in hoc modo : Primus hæres esto; si Primus hæres non erit, Secundus hæres esto. Potest quidem testator addere : Si Secundus hæres non erit, Tertius hæres esto, et sic in infinitum. Licet enim tot quot toluerit substitutionis gradus instituere. Hæc quidem verba : *si hæres non erit*, utrumque casum continent, sive hæres esse nequiverit, sive ut posset, esse noluerit.

---

1. Mühlenbruck, Doctrina Pandectarum, § 667.

Dicitur hæc substitutio vulgaris, quod fit vulgo a testatore quolibet cuilibet hæredi, in differentiam pupillaris et exemplaris, quæ illomodo fieri non poterant.

2º Pupillaris substitutio est ea quæ fit a patre vel parente paterno, liberis impuberibus in potestate constitutis, et in alterius potestatem non recasuris, in casu si ante pubertatem decesserint.

3º Excmplaris substitutio est ea quæ fit a parentibus, etiam puberibus liberis furiosis, prodigis aut mente captis, in casu quo decesserint animi non compotes.

Exemplaris dicitur quod a Justiniano fuit indroducta ad exemplum pupillaris substitutionis[1].

Fideicommissum est, quod non civilibus verbis, sed precative relinquitur; nec ex rigore juris civilis proficiscitur, sed ex voluntate datur relinquentis[2].

Fideicommissum vel *universale*, vel *particulare* apparet:

1º Fideicommissum universale est illud quo hæres hæreditatem sibi relictam vel hæreditatis portionem alteri rogatur restituere.

2º Fideicommissum particulare est illud quo hæres rem singularem alteri rogatur restituere.

Universale fideicommissum appellatur in jure romano fideicommissaria hæreditas.

Particulare fideicommissum vocatur fideicommissum singulæ rei.

Fideicommissarias hæreditates tantum perlustrare nobis propositum est.

PARS SPECIALIS.

De fideicommissariis hæreditatibus.

In primis, id est ante Augustum, infirma fideicommissa erant : ad quæ scilicet restituenda civiliter astringi non poteras ; pendebant enim

1. Inst. tit. XVI, § 1.
2. Ulp. Regulæ, tit. XXV, § 1.

e fide et pudore eorum qui rogati fuerant; ex eoque fideicommissi nomen.

Sæpe quidem fiebat ut testamento aliquis alicui favere quæreret, si testamenti factio sibi cum eo abesset, vel si pars tantum hæreditatis accipi posset : idcirco institutio hæredis legatumve ad hæredem legatariumve, testamenti passivæ factionis capacem, vertebatur : tum rogabatur ille ut ei, qui vere hæreditate vel parte hæreditatis aut legato frui deberet, reddere vellet.

Sed Augustus, propter forsan insignem quorumdam perfidiam quibus rogationes illæ leviores erant, ut fideicommissa æque præstarentur, consules auctoritatem suam interponere jussit. Duos tandem prætores Claudius creavit, qui de fideicommissis judicarent, ex quibus Titus unum detraxit[1].

Verba fideicommissorum in usu fere hæc sunt : peto, rogo, volo, mando, fidei tuæ committo, et similia[2].

Attamen restitutio non solum expresse fiduciario injungitur, verbi gratia: *Titius hæres esto, eumdem vero rogo, ut hæreditatem Sempronio restituat;* sed etiam tacite injuncta censetur, ut cum testator dicit : *Rogo hæredem, ne hæreditatem alienet, sed relinquat familiæ;* vel : *rogo ne testamentum faciat, donec liberos susceperit;* vel: *rogo ut testamento suo Seium hæredem faciat.*

Unde fideicommissa vel expressa vel tacita esse patet[3].

Ut in vulgari substitutione plures fideicommissi gradus institui poterant.

Fideicommissum ad utilitatem familiæ conditum, fideicommissum familiæ dicitur; perpetuumque vocatur si cum familiæ hæredibus perpetuo durare debet.

Vel pure, vel sub conditione possunt relinqui fideicommissa, vel ex certo die[4].

1. L. 2, § 52, Dig. lib. 1, tit. 2.
2. Ulp. Reg. tit. XXV, § 2.
3. Heineccius, Elementa juris, tit. XXIII, § 658.
4. Inst. lib. II, t. XXIII, § 2.

Non solum totam hæreditatem vel partem per fideicommissum relinquere quisque potest, sed etiam res singulas, velut fundum, homi-
nem, vestem, argentum; item potest non solum propria testatoris res
per fideicommissum relinqui, sed etiam hæredis, aut legatarii, aut cujus libet alterius.

Apud fideicommissa tres personæ considerantur:

1° *Fideicommittens*, qui fideicommissum constituit; 2° *fiduciarius*, qui
rogatur ut restituat, et qui semper hæres permanet, etiam facta resti-
tutione; 3° *fideicommissarius*, cui restituitur fideicommissum.

Fideicommissum relinquere possunt qui testamentum facere possunt, licet non fecerint; nam intestatus quis moriturus fideicommissum relinquere potest[1]. Sic fideicommissa multum differunt a legatis : legata nisi ex testamento non valent, legata codicillis relicta non
aliter valent, quam si a testatore codicilli confirmati fuerint, id est
nisi in testamento caverit testator, ut quidquid in codicillis scripserit,
ratum sit.

Fideicommissa vero, etiam non confirmatis codicillis, relinqui possunt. Imo nutu etiam relinqui possunt fideicommissa.

Fiduciarius esse potest qui aliquid ex fideicommittentis judicio re-
cepit, veluti hæres, legatarius et etiam fideicommissarius; et sic fideicommissa adhuc differunt a legatis, quorum onus hæredi unice im-
poni potest.

Fideicommissarius esse potest, cui legare quis potest.

In primis temporibus fideicommissarius nec hæredis loco erat, nec
legatarii, sed potius emptoris; tunc enim in usu erat ei cui restituebatur hæreditas, nummo uno eam hæreditatem dicis causa venire.

Hæres fiduciarius, etsi totam restituisset hæreditatem, hæres tamen
remanebat (nam qui semel hæres semper hæres); ex quo fit ut actiones quæ jure civili hæredi et in hæredem competerent, ei et in eum
permanerent. Sed stipulationes, quæ inter venditorem hæreditatis et

1. Ulp. Reg. tit. XXV, § 4.

emptorem interponi solebant, eædem interponebantur inter hæredem
et eum cui restituebatur hæreditas, id est hoc modo : hæres quidem
stipulabatur ab eo, cui restituebatur hæreditas, ut quidquid hæreditario nomine condemnatus fuisset, sive quid alias bona fide dedisset,
eo nomine indemnis esset, et omnino si quis cum eo hæreditario nomine ageret, ut recte defenderetur.

Ille vero qui recipiebat hæreditatem invicem stipulabatur ut, si quid
ex hæreditate ad hæredem pervenisset, id sibi restitueretur ; ut
etiam pateretur eum hæreditarias actiones procuratorio aut cognitorio
nomine exequi [1].

Ex prædictis apparet hæredes nonnumquam hæreditatem repel-
lere, et testamentum sic caducum fieri, dum timerent ne contra eos
agerent creditores atque legatarii, ac fideicommissarius non solven-
dus fuerit. Quapropter, Neronis temporibus, senatus-consulto Trebelliano, actiones quæ ad hæredem fiduciarium unice pertinebant, fideicommissario utiliter concessæ fuerunt, qui loco hæredis agebat.

Postea autem necesse fuit senatum novis difficultatibus occurrere :
hæredes enim persæpe res hæreditarias, deficiente lucro, recusabant,
adeo ut voluntas defuncti, a fiduciario neglecta, caderet. Senatus
vero, imperatore Vespasiano, Pegaso et Pusione consulibus, quartam partem fiduciarium retinere permisit : ex hoc tempore fideicommissarius legatarii partiarii loco erat, id est ejus legatarii, cui
pars bonorum legabatur, dum hæres onera hæreditaria sustineret.

Unde quæ solebant stipulationes inter hæredem et partiarium
legatarium interponi, eædem interponebantur inter eum qui ex fidei
commisso receperat hæreditatem et hæredem ; id est ut lucrum et
damnum hæreditarium prorata parte inter eos commune esset [2].

Hæ stipulationes partis et pro parte stipulationes appellabantur.

Tum senatus-consulto Trebelliano, tum Pegasiano res agebatur.

Si hæres fiduciarius non plus quam dodrantem hæreditatis rogatus

1. Gaius, Comm. II, § 252.
2. Inst. lib. II, tit. XXIII, § 5.

esset restituere, tunc ex Trebelliano senatus-consulto restituebatur hæreditas, et in utrumque scilicet fiduciarium fideicommissarium- que actiones hæreditariæ prorata parte dabantur. Si plus quam do- drantem vel etiam totam hæreditatem restituere rogatus esset fidu- ciarius, tunc locus erat Pegasiano senatus-consulto. Hæres fiduciarius qui semel adierit hæreditatem, si modo sua voluntate adierit, sive restituerit quartam partem, sive retinere noluerit, ipse universa onera hæreditaria sustinebat. Sed retenta quarta, interponebantur partis et pro parte stipulationes. Si vero totam hæreditatem restituerit hæres, interponebantur stipulationes emptæ et venditæ hæreditatis.

Senatus-consulto Pegasiano adhuc cautum erat ut si hæres rogatus nollet adire, cogeretur per prætorem, periculo fideicommissarii, quo casu non poterat retinere quartam, quia invitus adierat; sed de one- ribus hæreditariis non tenebatur, et fideicommissario, in ipsumque competebant actiones. Unde duo senatus-consulta in hoc casu concur- rebant, tunc enim fideicommissarius non legatarii sed hæredis in loco erat.

Justinianus autem, cum stipulationes emptæ et venditæ hæreditatis et pro parte plenæ ambagibus et captiosæ essent, Pegasianum Tre- bellianumque senatus-consulta in unum conflavit, ut, retento nomine senatus-consulti Trebelliani, utriusque materia conjungeretur, ex eoque :

1° Semper quartam Trebellianam fiduciarius retinet ;

2° Pro parte actiones, nomina debitaque exercentur, atque fidei- commissarius loco hæredis agit;

3° Fiduciarius qui hæreditatem adire non vult, ad illud cogi potest ; quartæ vero Trebellianæ amittit beneficium, omniaque testamenti commoda ;

4° Fiduciarius a fideicommissario, personali ex testamento actione, ad restituendam cogitur hæreditatem.

Fideicommissi restitutio fit statim hæreditatis post aditionem, nisi aliter instituit testator.

Fiduciario fideicommissi alienandi non est potestas, nisi ad hæreditaria solvenda onera, vel ad vitandum damnum, aut testatoris
nutu.

Fiduciarii hæreditariæ parti incumbit pignus in fideicommissarii
favorem.

Fideicommissum infirmatur vel extinguitur infirmato testamento,
renunciante fideicommissario, vel cum decedat ille priusquam jus
cedat, deficiente conditione præposita, tandem extincta familia cujus
ad commodum institutum fuit fideicommissum.

DROIT CIVIL FRANÇAIS.

Des dispositions permises en faveur des petits-enfants du donateur ou testateur, ou des enfants de ses frères et sœurs.

(Art. 1048-1074 du Code Napoléon.)

PREMIÈRE PARTIE.

Des subtitutions en général.

CHAPITRE Ier.

Aperçu historique.

1° *Droit romain.* — A Rome on distinguait dans l'origine deux espèces de substitutions : la substitution *vulgaire* et la substitution *pupillaire*.

La première, ainsi nommée parce qu'elle était la plus usitée, consistait à appeler une personne au bénéfice d'une disposition héréditaire, dans le cas où une autre personne, instituée en premier ordre, ne voulait ou ne pouvait en profiter.

En pleine vigueur sous la république, son usage devint plus général sous les empereurs, après que furent rendues les fameuses lois *Julia* et *Papia Papœa*, qui créaient un grand nombre d'incapacités de recevoir. — Les testateurs, pour mettre leurs dispositions à l'abri des nombreuses causes de caducité dont elles étaient menacées, avaient recours à cette substitution, en instituant plusieurs héritiers les uns à défaut des autres : par ce moyen ils s'assuraient un continuateur de leur personne, et ils échappaient, en ne mourant pas intestat, à ce qui était considéré à Rome comme un déshonneur.

La substitution pupillaire était l'institution d'un héritier faite par le chef de famille, dans son propre testament, pour l'hérédité de son fils impubère, soumis à sa puissance, en cas que ce fils, lui survivant, mourrait avant d'avoir atteint l'âge de puberté.

Comme dans la substitution vulgaire, cette institution est conditionnelle en ce qu'elle est subordonnée à cet événement : si le fils meurt avant d'être pubère. Elle forme l'accessoire, et, pour ainsi dire, la seconde partie du testament du *paterfamilias;* après avoir disposé de son hérédité au profit de son fils, il en dispose une seconde fois par le même acte et au nom de ce dernier, dans la prévoyance que celui-ci, mourant impubère, il mourrait incapable de faire un testament. Ce droit, dérivant de la puissance paternelle qui, dans ce cas, s'étendait au delà même de la mort du chef de famille, fut consacré, non par une loi spéciale, mais par l'usage, en vue sans doute du préjugé que nous rappelions tout à l'heure, c'est-à-dire pour épargner, même à un enfant, la honte de mourir intestat.

A l'exemple de la substitution pupillaire, Justinien introduisit une troisième espèce de substitution, que les commentateurs ont nommée *quasi-pupillaire ou exemplaire.* C'était une disposition par laquelle un père, et même tout ascendant, substituait quelque parent à un de ses enfants ou descendants pubère, en état de démence, institué héritier, pour le cas où celui-ci mourrait sans avoir recouvré la raison.

A côté de ces trois espèces de substitution, et à peu près à la même époque, le Droit romain avait reconnu un genre particulier de disposition, les *fidéicommis.* Voici dans quelles circonstances : un citoyen ne pouvant disposer qu'en faveur de ceux avec lesquels il avait faction de testament, il pouvait arriver qu'il lui fût interdit de laisser la plus petite partie de ses biens, même un objet particulier, à des personnes auxquelles l'unissaient des liens de parenté, d'affection ou de reconnaissance. Les femmes, les pérégrins, les proscrits, puis un peu plus tard les affanchis déditices, les latins juniens, les célibataires, les citoyens sans enfants sont incapables de recevoir. — Dans cette situation quelques testateurs, voulant transmettre leurs biens à des personnes que la loi leur défendait de gratifier, nommaient un héritier ou légataire capable, en le priant, par acte secret, de remettre à ces personnes tout ou partie de l'hérédité ou du legs. Le testateur n'ignorait pas que l'incapable, secrètement désigné, était dépourvu de tout moyen juridique pour se faire remettre la libéralité faite en son intention ; mais il s'en rapportait à la bonne foi de celui qu'il instituait ouvertement son successeur universel ou particulier, *ejus fidei committebat*.

Dans la suite, d'autres testateurs employaient le même procédé pour faire rendre à des personnes capables des choses qu'ils donnaient directement, et pour un temps plus ou moins long, à leurs héritiers ou légataires. Mais l'obligation pour ceux-ci d'exécuter la volonté du disposant n'existait pas davantage ; leur loyauté, leur bonne foi étaient la seule garantie des fidéicommissaires. Aussi, et il est facile de se l'imaginer, les vœux des testateurs n'étaient pas toujours remplis.

L'empereur Auguste, cédant à l'assentiment général, et parce que cette mesure lui parut *juste et populaire*, rendit les fidéicommis obligatoires en ordonnant aux consuls d'interposer leur autorité ; et telle fut la faveur avec laquelle on accueillit cette institution, qu'un préteur spécial fut créé pour surveiller l'exécution des fidéicommis et pour juger les contestations auxquelles ils pourraient donner lieu[1].

Définitivement sanctionnés comme engendrant un droit, ils furent réglés eux-mêmes ; et peu à peu les personnes incapables de recevoir

1. Inst. lib. 2, t. 23, § 1 et 12.

par testament furent également reconnues inhabiles à recevoir par fidéicommis [1].

Les fidéicommis étaient *universels ou particuliers*, suivant qu'ils avaient pour objet soit l'hérédité, soit une quote-part de l'hérédité, ou une chose déterminée, soit dans son genre, soit dans son espèce, ou même une universalité, comme un pécule, un troupeau.

Ils se divisaient encore en *purs et simples et conditionnels*, selon que la chose déterminée qui en faisait l'objet devait être remise par l'héritier fiduciaire soit immédiatement ou à une date certaine, soit à l'avénement d'une condition ou à l'arrivée d'un terme incertain.

Le testateur pouvait choisir pour terme de la restitution la mort du fiduciaire [2]; le Digeste nous en fournit plusieurs exemples [3]. L'aliénation que l'héritier aurait faite de l'objet du fidéicommis, ou la disposition testamentaire par laquelle il l'aurait laissé à un héritier autre que celui désigné par le premier testateur, auraient été nulles.

Les fidéicommis étaient *graduels* quand ils étaient faits au profit de plusieurs personnes, soit de la même génération, soit de plusieurs générations, appelées successivement à recueillir le bénéfice du legs.

Ils étaient *perpétuels* lorsqu'ils étaient établis en faveur de tous les descendants sans limitation de degrés. La faculté d'établir des fidéicommis perpétuels paraît avoir été autorisée par les lois romaines [4].

Le disposant pouvait même accorder à l'héritier fiduciaire le droit d'élection entre plusieurs individus; c'est ce que semble démontrer

1. D. L. 67, § 3. tit. ad S. C. Trebell.

2. Un semblable fidéicommis dans lequel la charge de rendre est subordonnée à la condition de survie du légataire gratifié en second ordre au légataire gratifié en premier lieu, et à sa capacité au moment du décès de ce dernier, constitue ce qu'on appelle en Droit français une *substitution fidéicommissaire*, ou plus brièvement *une substitution*. (Cpr. art. 896, C. Nap.)

3. D. L. 69, § 3, lib. 31, tit. de leg. et fidéicomm.; L. 67, eodem titulo.

4. La Novelle 159 (chap. II) contient pourtant un exemple duquel il semble résulter que Justinien avait limité à quatre degrés la durée des fidéicommis; mais cette novelle ne statuant que sur un cas particulier, et étant d'ailleurs conçue en

cet exemple fourni par le Digeste : *Rogo, fundum, quum morieris, restituat ex libertis cui voles* [1].

2º *Ancien Droit français* [2]. — Les provinces du Droit écrit recueillirent l'héritage du Droit romain : elles admirent la substitution directe et la substitution fidéicommissaire. Les pays de coutumes n'étaient pas régis par des règles uniformes : ainsi la substitution vulgaire était virtuellement proscrite des coutumes qui prohibaient les institutions d'héritiers ; d'après les autres, elle était permise.

Quant aux substitutions pupillaire et exemplaire, elle n'étaient ni l'une ni l'autre en usage dans les pays coutumiers.

La plupart des coutumes permirent la substitution fidéicommissaire ; on en compte pourtant une dizaine qui la défendirent [3].

Les fidéicommis se divisaient, comme en Droit romain, en purs et simples et conditionnels, en particuliers et universels, en simples et graduels.

Avant l'ordonnance d'Orléans de 1560, on discutait la question de savoir si les fidéicommis pouvaient être graduels à l'infini. L'art. 59 de cette ordonnance prescrit qu'à l'avenir les substitutions fidéicommissaires ne pourraient excéder deux degrés, sans y comprendre l'institution. L'art. 57 de l'ordonnance de Moulins de 1566 confirme cette disposition et statuant spécialement pour les substitutions faites antérieurement, elle déclara qu'elles seraient restreintes au quatrième degré, outre l'institution. L'ordonnance de 1747 confirma celle d'Orléans (art. 30 et suivants).

termes très-obscurs, de savants interprètes ont pensé qu'elle ne devait pas être étendue hors de son espèce. (V. Cujas sur la note 159 ; Merlin, Rép. Vº Substit. fidéicomm., sect. X, § IV, art. 2.)

1. L. 67, § 7, lib. 31, tit. de leg. et fideicomm.

2. Dans notre ancien droit, les substitutions furent successivement régies par les ordonnances de 1553, de 1560, de 1566, la déclaration du 17 novembre 1690, celle du 18 janvier 1712, et enfin par l'ordonnance d'août 1747.

3. Merlin, Rép. Vº Substit. fidéicomm., sect. I, § 1.

3° *Droit intermédiaire.* — La loi du 15 octobre et du 14 novembre 1792 proscrivit pour l'avenir l'usage de toute espèce de substitution (art. 1er); elle comprit même dans sa proscription les substitutions faites antérieurement, qui n'étaient pas ouvertes au moment de sa promulgation (art. 2); et quant aux substitutions ouvertes à cette époque, elle ne leur reconnaissait d'effet qu'en faveur seulement de ceux qui avaient alors recueilli des biens substitués, ou le droit de les réclamer.

En ordonnant le partage égal des successions, l'art. 61 de la loi du 17 nivôse an II maintint les prohibitions prononcées contre les substitutions; et ces prohibitions furent confirmées par les décrets du 22 ventôse et 9 fructidor an II. De plus, le même art. 61 de la loi du 17 nivôse a abrogé les substitutions pupillaire et exemplaire dans les pays de droit écrit. Nous avons déjà dit qu'elles n'avaient jamais été admises par les coutumes.

Les motifs qui déterminèrent le législateur à prohiber les substitutions d'une manière aussi absolue se déduisaient des graves inconvénients auxquels cette institution donnait lieu; et les inconvénients étaient nombreux. C'était : d'établir un ordre de succession différent de celui fixé par la loi ; de porter atteinte au crédit public en entravant la circulation des biens, et en étant préjudiciable à l'agriculture que les grevés n'ont pas suffisamment intérêt à faire prospérer ; de rendre souvent victimes de la fraude ou de l'insolvabilité du grevé ses créanciers, à l'action desquels échappent les biens sur lesquels ils comptaient; d'être une source féconde de discorde et de procès; d'être contraires à l'ordre constitutionnel et politique par la concentration des fortunes dans quelques mains et par le dépouillement du plus grand nombre.

4° *Droit nouveau.* — Les rédacteurs du Code Napoléon ont maintenu les principes consacrés par la loi de 1792 [1], mais en créant toutefois

1. Exposé des motifs de Bigot-Préameneu, floréal an II, Locré, Lég. tom. XI, pag. 558 et suiv., n° 4.

quelques exceptions en faveur de certaines personnes et dans des limites très-restreintes [1].

Deux années environ après la proclamation de l'Empire, Napoléon, en rétablissant les titres héréditaires, rétablit en même temps, par les décrets du 30 mars et le sénatus-consulte du 14 août 1806, l'usage des majorats, c'est-à-dire de substitutions destinées à former la dotation de ces titres, substitutions transmissibles à perpétuité, de mâle en mâle, et par ordre de primogéniture.

Lors de la révision du Code, en 1807, un troisième alinéa fut inséré dans l'art. 896 pour consacrer cette innovation au système précédemment établi.

Mais de plus grandes modifications devaient encore avoir lieu. Une loi du 17 mai 1826 vint élargir sous trois rapports l'usage de la substitution [2].

Plus tard, après la révolution de Juillet, la loi du 12 mai 1835 a prohibé toute institution de majorats pour l'avenir, en laissant néanmoins subsister les majorats existants, mais en les limitant à deux degrés, l'institution non comprise. Cette limitation ne s'appliquait qu'aux majorats qui avaient été constitués avec des biens particuliers. Quant aux majorats institués par le chef de l'État, au moyen de dotation, ils étaient conservés purement et simplement, restant seulement soumis aux causes d'extinction prévues par les lois et les actes d'investiture (art. 1 à 4).

La loi du 17 mai 1849 a été plus loin encore: les majorats des biens particuliers qui auront été transmis à deux degrés successifs, à partir du premier titulaire, sont abolis; les biens composant ces majorats demeurent libres dans les mains du détenteur actuel. Pour l'avenir, la transmission, limitée à deux degrés à partir du premier titulaire, n'aura lieu qu'en faveur des appelés nés ou conçus au moment de la promulgation de cette loi (art. 1 et 2).

1. Troplong, Donat. tom. IV, n° 2210.
2. Voir page 21.

Cette même loi de l'Assemblée constituante porte, dans son art. 8, abrogation de la loi de 1826 sur les substitutions[1]. Cette abrogation a rendu leur ancienne autorité aux dispositions du Code Napoléon.

CHAPITRE II.

Des substitutions d'après la législation actuelle.

Divisions et définitions. — Substitutions autorisées et substitutions prohibées ; caractères constitutifs de ces dernières. — Des substitutions exceptionnellement permises.

§ 1er.

Divisions et définitions.

Dans son acception juridique la plus générale, la substitution consiste dans la disposition par laquelle une personne est appelée à la place d'une autre à recueillir, *à son défaut ou après elle*, une certaine libéralité.

Cette espèce de subrogation peut avoir lieu de deux manières : dans le premier cas, elle s'appelle *substitution directe ou vulgaire* ; dans le second elle se nomme *substitution indirecte ou fidéicommissaire*.

La substitution vulgaire est l'institution d'un tiers appelé à recueillir une libéralité dans le cas où une personne, instituée en premier lieu, serait incapable ou refuserait de l'accepter. Exemple : J'institue Paul mon légataire universel ; et dans le cas où il ne voudrait ou ne pourrait profiter de cette disposition, j'institue Jacques.

La substitution fidéicommissaire, dans le sens large du mot, est une disposition par laquelle, en donnant un objet à une personne, on la charge de rendre cet objet à un tiers gratifié en second ordre[2]. Elle

1. Voir page 22.
2. Thevenot d'Essaule, Traité des Substit. fidéicomm., page 5.

n'a donc lieu que lorsque le substitué ne doit recueillir la libéralité, faite en sa faveur, qu'après le premier appelé, et ne la reçoit par conséquent que de la main de celui-ci. Exemple : Je donne tous mes biens à Paul, mais j'ordonne que dans dix ans, ou à sa mort, ces biens soient transmis à Jacques.

La substitution fidéicommissaire se subdivise elle-même en *pure et simple*, à *terme certain et conditionnel*, en *simple et graduelle*, en *universelle et particulière*.

Elle est *pure et simple* lorsque la charge imposée au grevé de rendre au substitué n'est suspendue par aucune condition, mais doit être immédiatement exécutée. Exemple : Je donne ma maison à Paul et je le charge de la transmettre à Jacques.

Elle est *à jour certain* quand la charge de restituer ne doit être remplie qu'à l'arrivée d'un terme fixé et certain.

Elle est *conditionnelle*, quand la charge de rendre est subordonnée à un événement futur et incertain, ou simplement à un terme incertain, déterminé par le disposant. Exemple : Je donne ma fortune à Paul ; mais je le charge de la rendre à Jacques, *s'il revient des Indes*, ou *quand Paul mourra*.

Lorsque, comme dans ce dernier exemple, la charge de restituer est subordonnée à la condition que le substitué survivra au grevé et sera capable au moment de la mort de celui-ci, on donne, dans notre droit, à une semblable disposition plus spécialement le nom de substitution fidéicommissaire, ou simplement de substitution. Toute substitution fidéicommissaire, dans le sens du Droit français, est donc bien un fidéicommis conditionnel dans le sens du Droit romain, mais tout fidéicommis conditionnel ne constitue pas une substitution fidéicommissaire[1].

La substitution *simple* est celle qui ne comprend qu'une restitution

---

1. Merlin, Répert. V° Institutions contractuelles, § 5, n° 8 ; Rolland de Villargues, des Substit. prohibées, n° 49 ; Zachariæ, tom. V, § 693.

à faire. Exemple : Je lègue mes biens à Paul; à sa mort, il les rendra à Jacques.

Elle est *graduelle*, quand, au contraire, elle comprend plusieurs restitutions à faire; de telle sorte que le substitué, après avoir reçu les biens du grevé, est à son tour obligé de les rendre à celui ou à ceux appelés après lui. Exemple : Je lègue mes biens à Paul; à sa mort, il les rendra à Jacques, qui, à sa mort, les rendra à Pierre, etc., etc.

Les substitutions graduelles sont dites perpétuelles, quand elles sont établies en faveur de tous les descendants, sans limitation de degré, soit du grevé, soit d'un tiers. Nous avons déjà dit qu'en Droit romain, à l'origine de l'institution des substitutions, le disposant était maître de fixer le nombre des degrés de restitution, de les créer même à l'infini; d'après notre législation actuelle, la substitution graduelle est limitée à deux degrés, non compris l'institution.

Le fidéicommis *universel*, que les Romains appelaient *fideicommissaria hereditas*, est celui qui a pour objet un patrimoine tout entier, ou une quote-part d'un patrimoine; le fidéicommis *particulier* est celui qui ne porte que sur un ou plusieurs objets déterminés du patrimoine du disposant.

§ 2.

Des substitutions autorisées et des substitutions prohibées; caractère de ces dernières.

Le premier alinéa de l'art. 896 du Code Napoléon porte : «Les substitutions sont prohibées.»

Est-ce à dire que les rédacteurs du Code ont eu l'intention, en écrivant cette règle, de proscrire d'une manière absolue toute espèce de substitution ?

Il faut se garder de le croire. Et d'abord l'art. 898, ainsi conçu : «La disposition par laquelle un tiers serait appelé à recueillir le don, l'hérédité ou le legs, dans le cas où le donataire, l'héritier institué ou le légataire ne le recueillerait pas, ne sera pas regardée comme une subs-

3

titution, et sera valable», ne renferme-t-il pas une autorisation formelle de la substitution vulgaire? Évidemment oui.

Mais ce sont alors les substitutions fidéicommissaires que la prohibition de notre article a pour effet d'atteindre? — Cette conséquence paraît commandée par la généralité des termes de la prohibition, et surtout par le deuxième alinéa du même article, qui semble être le commentaire du principe énoncé par le premier; «toute disposition, dit cet alinéa, par laquelle le donataire ou le légataire sera chargé de *conserver* et de *rendre* à un tiers sera *nulle*.» Et cependant cette conséquence serait inexacte; car l'art. 896 n'a pas toute la portée que les termes absolus, dans lesquels il est conçu, paraissent lui donner. Les art. 1040 et 1121 démontrent effectivement la possibilité légale d'une disposition par laquelle un légataire ou un donataire est chargé de conserver des biens dont il a été gratifié et de les rendre à un tiers désigné par le disposant.

Quelle est dès lors l'interprétation qu'il convient de donner à l'art. 896? — Les discussions qui eurent lieu au conseil d'État prouvent jusqu'à l'évidence que le législateur a voulu proscrire non pas les substitutions fidéicommissaires, dans le sens général que nous avons attribué à ce mot, mais seulement ceux des fidéicommis conditionnels dans lesquels la charge de conserver et de rendre est subordonnée à la condition de survie de l'appelé au grevé et de sa capacité à l'époque de la mort de ce dernier. Le mot substitution a été employé par l'art. 896 dans l'acception toute spéciale et propre du Droit français que nous avons indiquée plus haut.

L'art. 897 fournit d'ailleurs un argument péremptoire à l'appui de cette interprétation : cet article autorise, par *exception*, certaines substitutions dont il est parlé aux art. 1048 et suivants; or, il n'y a de «véritable exception à une prohibition qu'autant que les actes prohibés en règle générale présentent les mêmes caractères intrinsèques que ceux en faveur desquels l'exception est établie [1];» eh bien, dans les

---

1. Zachariæ, tom. V, § 694, note 31.

substitutions dont il est question dans ces articles, se trouve chargé pour le grevé de conserver, *jusqu'à son décès*, les biens qui lui ont été donnés, et de les rendre à cette époque à l'appelé, s'il est d'ailleurs capable de recevoir. Au surplus, l'art. 896 lui-même ne permet-il pas de comprendre que la restitution ne doit avoir lieu qu'à la mort, en disant que le grevé est tenu de conserver, sans apporter aucune limite précise à cette conservation; cette limite sous-entendue, c'est la mort du grevé, époque à laquelle il cesse fatalement de posséder et de conserver.

La lecture attentive du deuxième alinéa de cet article conduit donc à reconnaître les caractères suivants, comme éléments constitutifs de la substitution fidéicommissaire prohibée:

1° Il faut qu'elle contienne une double disposition : l'une au profit du grevé qui, aux termes mêmes de l'article, doit recevoir la chose en qualité de *donataire*, d'*héritier institué* ou de *légataire*; l'autre au profit de l'appelé, désigné pour recueillir la même chose des mains du grevé et après lui, à l'époque de la résolution de son droit de propriété, c'est-à-dire à son décès.

2° Il faut que le grevé soit astreint, par la disposition, à l'obligation juridique de *conserver* les biens donnés ou légués, et de les *rendre* au tiers gratifié en second ordre.

3° Il faut enfin que la charge de rendre soit subordonnée à la double condition de la survie de l'appelé au grevé et de sa capacité au moment de la mort de ce dernier [1].

Toute disposition réunissant à la fois ces trois caractères constitue la substitution prévue par l'art 896, et est par conséquent prohibée [2].

1. Grenier, des Donat. t. 1, pag. 114 et suiv. ; Toullier, t. V, n⁰ˢ 21 et suiv. ; Duranton, t. VIII, n⁰ˢ 66 et suiv. ; Rolland de Villargues, Rép., V° Substit. prohibées, n⁰ˢ 25 et suiv. ; Merlin, Quest., V° Substit. fidéicomm., § 6 ; Zachariæ, t. V, § 694.

2. En vertu du 2ᵉ alinéa de l'art. 896, une semblable disposition serait nulle non-seulement à l'égard de l'appelé, en ce qui concerne la charge de conserver

Mais, au contraire, la défense de substituer étant une restriction à la
faculté de disposer, il faut conclure que la substitution dans laquelle
ne concourent pas ces trois éléments est autorisée.

Ainsi sont parfaitement permises, non pas seulement les substitutions vulgaires, mais encore les dispositions faites avec charge de
rendre soit immédiatement après la mort du disposant, soit après un
certain laps de temps déterminé, soit même après la réalisation d'une
condition suspensive, pourvu que, dans ce dernier cas, cette condition
ne soit pas la survie du substitué et ne suppose pas nécessairement le
prédécès du grevé.

§ 3.

Des substitutions exceptionnellement permises.

L'art. 897 du Code Napoléon excepte de la prohibition, contenue
dans les deux premiers paragraphes de l'art. 896, les substitutions
faites par les pères et mères au profit de leurs petits-enfants, et celles
établies par les frères et sœurs, décédés sans postérité, en faveur de
leurs neveux et nièces.

Voici à cet égard les dispositions des art. 1048, 1049 et 1050 :

Art. 1048. «Les biens, dont les pères et mères ont la faculté de disposer, pourront être par eux donnés, en tout ou en partie, à un ou
plusieurs de leurs enfants, par actes entre-vifs ou testamentaires, avec
la charge de rendre ces biens aux enfants nés et à naître, au premier
degré seulement, desdits donataires.»

Art. 1049. «Sera valable, en cas de mort sans enfants, la disposition
que le défunt aura faite par acte entre-vifs ou testamentaire, au profit
d'un ou de plusieurs de ses frères et sœurs, de tout ou partie des
biens qui ne sont pas réservés par la loi dans sa succession, avec la

---

et de rendre, mais encore à l'égard du grevé, en ce qui concerne la disposition
principale à laquelle cette charge a été attachée. (Zachariæ, t. V, § 694, n° 3,
note 55.)

charge de rendre ces biens aux enfants nés et à naître, au premier degré seulement, desdits frères ou sœurs donataires.»

Art. 1050. «Les dispositions permises par les deux articles précé-
dents ne seront valables qu'autant que la charge de restitution sera
faite au profit de tous les enfants nés et à naître du grevé, sans exception ni préférence d'âge ou de sexe.»

La loi du 17 mai 1826, dont voici l'article unique :

«Les biens dont il est permis de disposer, aux termes des art. 913,
915 et 916 du Code civil, pourront être donnés en tout ou en partie,
par acte entre-vifs ou testamentaire, avec la charge de les rendre à un
ou plusieurs enfants du donataire, nés ou à naître, jusqu'au deuxième
degré inclusivement. Seront observés, pour l'exécution de cette disposition, les art. 1051 et suivants du Code civil, jusque et y compris
l'art. 1074.»

Cette loi, disons-nous, a étendu la faculté de substituer sous trois
rapports :

1° En autorisant la substitution, non-seulement en faveur des petits-
enfants du disposant ou des enfants de ses frères et sœurs, mais en
faveur des enfants de tout donataire ou légataire, même étranger ;

2° En permettant d'établir la charge de restitution, non-seulement
au profit des enfants du premier degré du donataire ou légataire,
mais au profit de ses descendants, jusqu'au deuxième degré inclusivement ;

3° En n'exigeant plus que la charge de rendre soit établie dans
l'intérêt de *tous* les enfants nés ou à naître du grevé, sans distinction
de sexe ou de primogéniture, et en autorisant qu'elle soit imposée
dans l'intérêt exclusif d'*un ou de plusieurs* de ces enfants.

Cette loi porta une grave atteinte à l'art. 896, en le restreignant
considérablement dans ses applications. De fort rares hypothèses res-
tèrent soumises à son empire; on peut citer : le cas où la charge de
restitution était établie au profit d'autres personnes que les enfants
du grevé; le cas où la disposition comprenait plus de deux restitutions

à faire; et enfin le cas où le disposant aurait abandonné au grevé le soin de choisir, parmi ses enfants, celui ou ceux auxquels la restitution devrait exclusivement profiter[1].

L'art. 8 de la loi de 1849, en abrogeant celle de 1826, a fait revivre l'autorité des dispositions du Code Napoléon sur les substitutions.

L'art. 9, pour éviter les difficultés qui surgissent à l'occasion de l'application du principe de la non-rétroactivité des lois, contient la disposition transitoire suivante : « Les substitutions déjà établies sont maintenues au profit de tous les appelés nés ou conçus lors de la promulgation de la présente loi. Lorsqu'une substitution sera recueillie par un ou plusieurs des appelés dont il vient d'être parlé, elle profitera à tous les autres appelés du même degré ou à leurs représentants, quelle que soit l'époque où leur existence aura commencé.»

Ainsi l'appelé dont le droit se trouve maintenu devra souffrir le concours des autres appelés, qui, ayant été conçus depuis la nouvelle loi, ne pourraient, s'ils étaient seuls, prétendre au bénéfice de la substitution. Si, par exemple, la substitution avait été faite au profit des enfants mâles du grevé, et que lors de la promulgation de la loi de 1849 un seul enfant mâle fût conçu, on devrait faire venir en concurrence avec celui-ci tous les autres enfants mâles conçus à une époque postérieure et survivant à leur père. «Ne pas admettre ce résultat, disait M. Valette dans son rapport à l'Assemblée nationale, ce serait marcher en sens inverse du but que l'on veut atteindre; puisque, dans le cas dont il s'agit, on aggraverait encore l'inégalité résultant du titre entre les enfants du même grevé, ce qui est inadmissible.»

1. Zachariæ, t. V, § 697.

SECONDE PARTIE.

Des substitutions [1] exceptionnellement autorisées par le Code Napoléon.

(Code Nap., liv. III, tit. II, chap. VI, art. 1048 à 1074.)

CHAPITRE PREMIER.

§ 1er.

Des personnes qui ont le droit de substituer, de celles qui peuvent être grevées, et de celles qui doivent être appelées.

Aux termes des art. 1050 et suivants, dont nous rappelions tout à l'heure le texte, voici les personnes entre lesquelles les substitutions sont autorisées :

D'une part, les *pères et mères* ont la faculté de faire au profit d'*un ou de plusieurs de leurs enfants*, et dans certaines limites, des donations ou legs, avec la charge pour l'enfant donataire ou légataire de conserver jusqu'à sa mort les biens dont il a été gratifié, et de les rendre, à cette époque, à *tous ses enfants nés et à naître au premier degré seulement.*

D'autre part, *les frères et sœurs* sont autorisés, en *cas de mort sans enfants*, à faire au profit d'*un ou de plusieurs de leurs frères et sœurs*, des libéralités par acte entre-vifs ou testamentaire, avec la charge pour ceux-ci de conserver les biens donnés ou légués jusqu'à l'époque de leur décès, et de les rendre, à cette époque, comme dans le cas précédent, à *tous leurs enfants nés et à naître au premier degré seulement.*

---

1. Dans le reste de cette thèse le mot *Substitution* sera employé dans le sens tout restreint du Droit français, et suivant lequel il désigne exclusivement la substitution fidéicommissaire prohibée par l'art. 896.

Les articles 1048 et 1049, d'où sont déduites ces deux propositions, consacrent, nous l'avons déjà dit, des dispositions tout exceptionnelles; elles doivent dès lors être interprétées dans un sens restrictif.

Il faut conclure par conséquent :

1° Que les pères et mères, d'une part, et les frères et sœurs, d'autre part, sont les seuls parents autorisés à faire une substitution. Les autres ascendants et les autres collatéraux ne jouissent pas de cette faculté[1]. — Cette solution, en ce qui concerne les ascendants dont les enfants au premier degré sont prédécédés, a été controversée. On a dit : l'art. 1048, bien que se servant du mot *enfants*, a entendu parler de toute la *descendance*; d'autre part, il y a même raison pour admettre la substitution faite par ascendants que pour admettre celle faite par père et mère; d'ailleurs, par quelle faveur inusitée les frères et sœurs auraient-ils été autorisés à faire une substitution, si le législateur avait eu l'intention d'enlever cette faveur aux ascendants[2]? — Ces raisons, qui semblent au premier abord avoir quelque autorité, ne sont pourtant pas décisives et ne sauraient prévaloir en présence du texte formel de l'art. 1048. Si une autre considération était nécessaire pour les faire repousser en démontrant la véritable pensée de la loi, il suffirait de rappeler le rejet de la proposition du tribunat, qui avait demandé que les *ascendants* fussent nominativement compris dans la disposition de l'article[3].

2° La substitution faite par un frère ou une sœur au profit des enfants de son frère ou de sa sœur n'est valable qu'autant que le disposant meurt sans postérité. — Il importe peu, pour la validité de la substitution, que le disposant ait eu ou non des enfants au moment de la confection de l'acte; la seule condition exigée, c'est qu'il n'en existe plus à l'époque de sa mort. Cette solution est vraie, soit que la

1. Toullier, t. V, n° 723 ; Zachariæ, t. V, § 696. 1.
2. Duranton, t IX, n° 525 ; Delvincourt, t. II, pag. 100.
3. Locré, Lég. t. XI, pag. 329, n° 67 ; Troplong, Donat. t. IV, n° 2213.

substitution ait eu lieu par acte testamentaire ou par donation entre-
vifs; car, d'un côté, ces deux modes de disposer sont admis pour l'é-
tablissement d'une substitution, et, d'un autre côté, l'art. 1049 la déclare valable, sans aucune distinction, à la seule condition que le
disposant mourra sans enfant[1]. — Du reste, il est hors de doute que
la substitution faite par donation entre-vifs serait, comme toute donation, révoquée de plein droit par la survenance d'un enfant au donateur, qui n'en avait pas à l'époque de la disposition, sans qu'elle
pût revivre par le prédécès de l'enfant dont la naissance avait opéré
la révocation[2].

3° La substitution doit être rigoureusement restreinte aux enfants
de l'institué en premier ordre. Elle serait nulle pour le tout si le disposant avait appelé d'autres personnes concurremment avec les enfants
du grevé[3].

4° La substitution n'est valable qu'autant que la charge de rendre
est établie au profit des enfants nés et à naître du grevé, sans exception ni préférence d'âge ou de sexe (art. 1050). Si, par exemple, la
charge de restitution ne comprenait que les enfants *actuellement* nés,
la disposition serait nulle, même dans le cas où le grevé n'aurait plus
eu aucun autre enfant[4]. Mais il faut observer que les expressions de
l'art. 1050 ne sont pas sacramentelles, et peuvent fort bien être rem-
placées par des termes équivalents. Ainsi la disposition par laquelle
un fils est institué à charge de rendre *aux enfants issus de lui* ou simplement *à ses héritiers* peut être considérée comme répondant suffisamment au vœu de la loi[5].

1. Duranton, t. IX, n° 527; Marcadé, art. 1048, n° 2.
2. Cpr. art. 960, 964 du Code Nap.; Grenier, t. I, n° 360; Duranton, t. IX,
n° 528; Zachariæ, t. V, § 696, n° 2; Troplong, Donat. t. IV, n°ˢ 2214 et 2215.
3. Civ. Cass. 27 juin 1811; Merlin, loc. cit., sect. V, § 2, n° 5.
4. Bruxelles, 14 juillet 1808, Sir. t. IX, 2, 7; Troplong, Donat. t. IV, n° 2224.
5. Cass. 31 mars 1807, Sir. t. VII, 1, 193; Merlin, loc. cit., sect. V, § 1,
n° 3.

5° La charge de conserver et de rendre ne peut être établie qu'au profit des *enfants* nés et à naître *au premier degré* du fils donataire ou légataire. — Le disposant ne pourrait donc valablement imposer au grevé, dont les enfants seraient prédécédés, laissant eux-mêmes des enfants, l'obligation de rendre les biens à ces derniers. — Certains auteurs[1] considèrent comme valable une semblable disposition. A l'appui de leur opinion, ils disent que la loi, par les mots : *premier degré du donataire*, a entendu parler, non pas du *degré de parenté*, mais du degré de *substitution*, c'est-à-dire du *degré le plus proche*, qu'aucun autre ne précède. D'après eux, les mots *au premier degré* se réfèrent à ceux-ci : *à charge de rendre*, qui les précèdent dans le texte de l'article, et le mot *enfant* doit être pris dans un sens général. Mais cette interprétation, qui tend à étendre la disposition de l'art. 1048 à un cas auquel elle ne s'applique pas littéralement, ne saurait être admise.

D'ailleurs, il est évident que le législateur, en employant le mot *degré*, a voulu parler d'une *génération* (art. 735) ; car on le retrouve avec cette acception dans l'art. 1051, qui se réfère à l'art. 1048[2].

Lorsqu'une substitution n'est pas faite dans les conditions déterminées par les art. 1048 et 1049, elle est nulle à l'égard de toutes les personnes qui y figurent (arg. art. 897, cbn. art. 896, al. 2). Spécialement, quand la charge de rendre, apposée à une donation ou à un legs, est établie au profit de tous les enfants du donataire ou du légataire, et après ceux-ci au profit de ses petits enfants, elle est nulle parce qu'elle comprend deux degrés ; et la nullité de cette charge entraîne celle de la disposition en premier ordre. — Toullier[3] soutient au contraire que la disposition en premier ordre est valable, « parce que, dit-il, le Code n'a pas, en ce cas, prononcé la nullité de toute la disposition, et qu'on ne peut suppléer une nullité ; ce serait le cas

1. Duranton, t. IX, n° 526; Delvincourt, t. II, p. 100; Vazeille, art. 1051, n° 2.
2. Troplong, Donat. t. IV, n° 2222.
3. T. V, n° 729.

d'appliquer la maxime : *utile per inutile non vitiatur*.» Mais cette manière de voir est victorieusement réfutée par l'argument que fournit la combinaison de l'art. 897 avec l'alinéa 2 de l'art. 896.

§ 2.

Des biens qui peuvent faire l'objet d'une substitution.

Les substitutions peuvent avoir pour objet tous les biens que peut comprendre une donation ou un testament; elles peuvent comprendre par conséquent toute espèce de biens meubles ou immeubles, corporels ou incorporels [1].

Mais, aux termes des art. 1048 et 1049, la charge de restitution ne peut porter, et ceci encore par application des principes du droit commun en matière de dispositions à titre gratuit, que sur la portion des biens formant la quotité disponible. — Si donc la réserve est entamée par la disposition grevée de substitution, les héritiers réservataires jouiront du droit, consacré par les art. 920 et suivants, d'en demander la réduction. — Si l'héritier réservataire, grevé, par testament, de la charge de rendre une portion de biens excédant la portion disponible, acceptait la succession, il se soumettrait par là à la restitution de tout ce qu'il a reçu. Mais, au contraire, le grevé, qui aurait, par donation entre-vifs, accepté la charge de restituer des biens composant sa réserve légale, ne serait pas lié et pourrait nonobstant faire valoir son droit sur ces biens ; car il n'est pas permis de renoncer à sa réserve avant l'ouverture de la succession [2].

Peut-on grever de substitution une disposition antérieurement faite? — Le Droit romain et l'ordonnance de 1747 autorisaient en certains cas ce que la doctrine nomme une *substitution après coup*. Si la disposition antérieure a été faite par testament, il n'est pas douteux que la

1. Merlin, verb. cit., sect. VI, § 1, art. 1 et suiv.
2. *Contra* Toullier, t. V, n° 732 ; Grenier, t. I, n° 364.

charge de restitution puisse, par une nouvelle disposition testamentaire, être apposée à la première; car une libéralité transmise par ce
mode de disposer n'est définitive qu'à l'époque du décès du testateur.
— Mais il n'en saurait être ainsi quand la libéralité a été faite par
donation entre-vifs; l'irrévocabilité, qui est le principe de la donation, formerait obstacle à toute modification ultérieure; et même la
réserve que le donateur aurait faite de pouvoir, par la suite, changer
la libéralité de substitution serait nulle comme contraire à la règle
donner et retenir ne vaut.

Néanmoins une donation pure et simple est susceptible d'être con-
vertie en substitution au moyen d'une nouvelle libéralité entre-vifs ou
testamentaire faite par le donateur au donataire, sous la condition
que les biens précédemment donnés seront grevés de substitution [1].
Le donataire auquel cette nouvelle libéralité est offerte est libre de la
refuser; mais s'il l'accepte, les biens antérieurement donnés se trou-
vent irrévocablement frappés de substitution en faveur des enfants du
donataire; celui-ci ne peut pas, alors même qu'il offrirait de rendre
aux appelés les biens compris dans la seconde disposition, diviser les
deux libéralités, et renoncer à la seconde pour s'en tenir à la première (art. 1052). — La charge de rendre, acceptée par le donataire,
les biens précédemment donnés est valable comme étant la condition
d'une nouvelle libéralité à lui faite (cpr. art. 1121). — Les biens compris dans la nouvelle libéralité peuvent eux-mêmes être grevés de restitution. Mais le donataire ne pourrait être chargé de rendre des biens
autres que ceux compris dans la première donation [2]. — Il est bien
entendu, du reste, que la charge de rendre, dont est grevée après coup
la première donation, n'a point d'effet rétroactif; elle ne saurait porter
aucune atteinte aux droits réels que le donataire a consentis, avant

---

1. Zachariæ, § 696, p. 278 et 279.
2. Toullier, t. V, n° 732; Zachariæ, § 696, note 17; Troplong, Donat. t. IV,
n° 2250 et suiv.

l'acceptation de la seconde libéralité, en faveur de tierces personnes sur les biens compris dans la première [1].

§ 3.

Des actes par lesquels les substitutions peuvent être établies.

Il résulte des art. 1048 et 1049 que les substitutions peuvent être faites par acte *entre-vifs* ou *testamentaire*. On peut donc choisir, pour l'établissement d'une substitution, l'un ou l'autre de ces deux modes de disposer, la donation ou le testament; mais, suivant que le premier ou le second aura été adopté, l'acte devra être soumis aux formalités, conditions et règles prescrites par le droit commun pour la validité des dispositions entre-vifs ou testamentaires. Ainsi la capacité des parties qui figurent dans la substitution, les conditions intrinsèques et extrinsèques, exigées pour sa validité, et même, dans certaines limites, ses effets juridiques se déterminent et s'apprécient d'après les règles relatives au genre de disposition qui aura été choisi. Lors donc, par exemple, qu'une substitution aura été faite par donation entre-vifs, elle ne deviendra efficace qu'autant qu'elle aura été acceptée expressément, suivant les règles tracées par les art. 932 et suivants du Code Napoléon. Toutefois, et en ceci il faut voir une dérogation aux règles ordinaires sur la capacité de recevoir, l'acceptation des grevés rend la substitution parfaite à l'égard des appelés, et indépendamment de toute acceptation de la part de ces derniers; la substitution est valable alors même que les appelés ne sont pas encore conçus au moment de la donation. Bien plus, la donation une fois acceptée par le grevé, le donateur ne pourrait pas, au moyen d'une convention postérieure faite avec le donataire seulement, décharger ce dernier de l'obligation de restituer aux appelés [2]. — Cette proposition, qui est conforme au

1. Grenier, n° 362; Duranton, t. IX, n° 556; Merlin, sect. 6, § 1, art. 3; Toullier, t. V, n° 733.

2. Toullier, t. V, n° 737; Duranton, t. IX, n° 550.

principe consacré par l'ordonnance de 1747 (art. 11 et 12), est aussi en contradiction avec l'art. 1121, suivant lequel le donateur, stipulant dans l'intérêt d'un tiers, conserve le droit de révoquer son offre tant que la personne à laquelle elle est faite ne l'a pas expressément ou ta-citement acceptée. — Ainsi encore, conformément aux règles du droit commun, les substitutions faites par donation entre-vifs ne peuvent comprendre que des biens présents; celles établies par contrat de ma-riage peuvent avoir pour objet des biens à venir (art. 943, 1082, 1093). — Lorsqu'elles comprennent des immeubles susceptibles d'être hypothéqués, la transcription de l'acte doit être faite à la conservation des hypothèques (art. 939, 1069 et suiv.). — Transmises par donation, elles sont irrévocables, et la propriété des biens qu'elles renferment est attribuée *hic et nunc* aux grevés.

Si la substitution est établie par acte testamentaire, cet acte doit être revêtu de toutes les formalités prescrites pour la validité des tes-ments. — Par suite d'une dérogation semblable à celle que nous avons signalée tout à l'heure, il n'est pas nécessaire, pour la validité de la substitution, que les appelés soient conçus au moment du décès du disposant; il suffit qu'ils le soient au moment de la mort du grevé. — Quand la substitution est faite par testament, la transmission de pro-priété des biens au grevé n'est pas immédiate; elles est subordonnée au décès du disposant, qui jouit jusqu'à cette époque de la faculté de révoquer sa disposition.

CHAPITRE II.

Des mesures prescrites dans l'intérêt des appelés et dans celui des tiers.

Le grevé devient propriétaire des biens compris dans la substitu-tion, dès le moment où elle est établie, quand elle est faite au moyen d'une donation entre-vifs, ou à la mort du disposant, quand elle est faite par acte testamentaire. Mais, ainsi que nous l'exposerons plus tard, il ne devient propriétaire que sous une condition résolutoire, en même temps que les appelés acquièrent sur les mêmes biens un droit de propriété sous une condition suspensive. Or, pour garantir les droits éventuels de ces derniers, la loi a tracé certaines règles soumettant à une surveillance spéciale la gestion des biens grevés de restitution et prescrivant un ensemble de formalités destinées à assurer leur conservation. D'autre part, préoccupée de l'intérêt des tiers, elle a ordonné la publicité des substitutions, afin d'empêcher que ceux-ci, par ignorance de la charge de restitution, ne soient induits en erreur sur les droits et la position de fortune du grevé.

L'examen de ces mesures conservatoires des droits des appelés et des tiers sera l'objet de ce chapitre.

§ 1er.

Mesures prescrites dans l'intérêt des appelés.

Ces mesures ont pour objet les points suivants : 1° la nomination d'un tuteur ; 2° la confection d'un inventaire ; 3° la vente du mobilier ; 4° l'emploi des deniers.

I. *Nomination d'un tuteur.* — Un tuteur spécial, connu par la doctrine sous le nom de *tuteur à la substitution*, et qu'en raison de la nature de ses fonctions il eût été plus exact d'appeler curateur, doit être nommé pour veiller à l'exécution de la substitution (art. 1055, 1056). Chargé par la loi de faire toutes les diligences nécessaires pour que la charge de conserver et de rendre soit fidèlement remplie, il doit veiller à ce que le grevé accomplisse toutes les obligations dont il est tenu, et dont les plus importantes sont désignées par les art. 1058, 1063, 1064, 1066 et 1069 (art. 1073).

Ce tuteur peut être nommé par le disposant lui-même, soit dans l'acte qui contient la substitution, soit dans un acte *postérieur en forme authentique* (art. 1055). — Ces dernières expressions de l'article sont-elles de nature à ne pas permettre la nomination d'un tuteur à la substitution dans un testament olographe? La combinaison des art. 398 et 392 démontre le contraire; un tuteur ordinaire, dont les fonctions consistent à administrer tout le patrimoine du mineur, pouvant être nommé par un testament olographe, il est évident que le tuteur, dont il s'agit ici, chargé seulement de surveiller l'administration des biens compris dans la substitution, peut à plus forte raison être nommé de cette manière. D'ailleurs, le testament olographe est un acte solennel, dont l'autorité est, à un certain point de vue, plus grande que celle d'un acte notarié ordinaire, car il constitue un mode de disposer à titre gratuit, à la différence d'un acte notarié, passé en la forme ordinaire[1].

Lorsque le disposant n'a pas usé de son droit de nomination, ou que le tuteur qu'il a désigné est mort ou s'est fait excuser, un tuteur doit être nommé par le conseil de famille des appelés, dans les formes ordinaires (art. 1056)[2]. — Il y aurait lieu de procéder à cette nomination, alors même que les appelés, existant au moment de la donation ou du décès du disposant, seraient majeurs, ou, qu'étant mineurs, ils auraient des tuteurs; la loi ne distingue pas en effet.

Mais il n'est pas question de subrogé-tuteur, dont la nomination est requise dans les tutelles ordinaires; car le tuteur à la substitution n'étant pas appelé à administrer lui-même, il n'y a pas lieu à surveiller sa gestion[3]. Par suite de la même raison, il faut décider que ses biens ne sont pas frappés de l'hypothèque légale que l'art. 2121 accorde aux mineurs en matière ordinaire[4].

Le tuteur, nommé à l'exécution de la substitution par le disposant ou le conseil de famille, ne peut être dispensé d'accepter ces fonctions que pour une des causes exprimées aux art. 427 et suivants (1055).

---

1. Troplong, Donat. t. IV, n° 2256.
2. Toullier, t. V, n° 748; Zachariæ, t. V, § 696, 2°, texte, note 24.
3. Delvincourt, t. II, p. 102; Duranton, t. IX, n° 563.
4. Toullier, t. V, n° 750, *in fine*.

A défaut du tuteur désigné par le disposant, ou si le tuteur désigné est incapable ou excusé, il en devra être nommé un à la diligence du grevé, s'il est majeur, ou de son tuteur, s'il est mineur, dans le délai d'un *mois* à partir soit du jour du décès du disposant , soit,du jour où, depuis ce décès, l'acte contenant la substitution aura été connu (art. 1056).

Le grevé qui n'aura pas fait nommer un tuteur dans le délai d'un mois *sera*, dit l'art. 1057, *déchu* du bénéfice de la disposition ; et dans ce cas le droit *pourra être* déclaré ouvert au profit des appelés , à la diligence soit des appelés, s'ils sont majeurs, soit de leur tuteur ou curateur, s'ils sont mineurs ou interdits, soit de tout parent des appelés majeurs, mineurs ou interdits, ou même d'office, à la diligence du procureur impérial près le tribunal de première instance du lieu où la succession est ouverte.

Du rapprochement de ces deux phrases : « le grevé sera déchu», « le droit des appelés pourra être déclaré ouvert», quelques auteurs ont pensé que la déchéance n'est pas encourue de plein droit par le grevé qui a négligé de provoquer la nomination du tuteur; mais que l'expression *sera déchu*, modifiée dans sa signification absolue par la phrase qui suit immédiatement, est simplement comminatoire et laisse aux juges le pouvoir discrétionnaire de prononcer ou de refuser la déchéance [1].

Mais cette opinion est victorieusement combattue par d'autres auteurs [2], qui font remarquer que la première phrase de l'article contient un ordre impératif, et enlève par conséquent toute latitude aux tribunaux. Il est facile, d'ailleurs, de concilier le commencement de l'art. 1057 avec la seconde partie, où il est dit que le droit des appelés pourra être déclaré ouvert ; ces expressions se rapportent à l'hy-

---

1. Grenier, t. I, n° 385 ; Favard de Langlade , chap. 2 , sect. 2 , § 4 , n° 3 ; Poujol , sur l'art. 1057, n° 7.

2. Delvincourt, sur l'art. 1057 ; Duranton, t. IX, n° 566.

pothèse dans laquelle il n'existerait encore aucun appelé, à l'époque de la déchéance encourue par le grevé. — Au surplus, et pour donner une explication plus générale et qui justifie tout à fait la rédaction du Code, nous dirons avec les savants annotateurs de Zachariæ «qu'il paraît clairement résulter du contexte de l'art. 1057 que le mot *pourra* se rapporte à ceux-ci *à la diligence soit des appelés,* etc., et n'a d'autre objet que de désigner les personnes sur la demande desquelles la déchéance peut être prononcée[1].»

Toutefois les juges ne devraient pas prononcer la déchéance dans les cas où une force majeure ou une impossibilité quelconque eût empêché le grevé de remplir l'obligation qui lui est imposée dans le délai prescrit.

C'est une question controversée que celle de savoir si la déchéance doit être encourue par le mineur en cas de non-accomplissement de la formalité prescrite. Dans un système les tribunaux pourraient considérer comme cas de force majeure la minorité du grevé; d'après une autre manière de voir, fondée sur l'art. 1074, cette circonstance serait sans portée[2]. — Selon nous, la question doit être résolue suivant la distinction faite plus haut : y a-t-il eu cas fortuit rendant impossible l'accomplissemnt de la formalité dont il s'agit, comme dans le cas, par exemple, où le grevé, âgé seulement de quelques années, n'aurait pas de tuteur, la déchéance n'est pas encourue ; dans l'hypothèse contraire, elle doit être prononcée.

La déchéance prononcée contre le grevé peut être opposée à ses créanciers et aux tiers qui auraient acquis de lui des biens compris dans la substitution.

Cette déchéance étant la sanction d'une obligation imposée dans l'intérêt des appelés, elle ne peut profiter qu'à ces derniers et non pas au grevé. Ainsi, si l'un des appelés meurt avant le grevé sans laisser

---

1. Zachariæ. t. V, § 696, note 25 et les arrêts cités.
2. Duranton, t. IX, n° 568 ; Zachariæ, t. V, § 696, texte, note 26.

de descendants, les autres appelés recueilleront sa part par droit d'accroissement ; s'il n'en était pas ainsi, la déchéance préjudicierait aux appelés survivants, en ce que le grevé prendrait, en sa qualité de père, une portion des biens dans la succession de l'appelé prédécédé[1].

Mais l'ouverture anticipée de la substitution ne doit pas porter préjudice aux droits éventuels des appelés qui n'étaient pas encore conçus au moment où elle a eu lieu ; ainsi, ce n'est qu'à la mort du grevé que les droits des appelés entre eux seront définitivement réglés, et ils le seront comme si la substitution ne s'était ouverte que par le décès du grevé.

S'il n'existait pas d'appelés à l'époque de la déchéance prononcée contre le grevé, le tribunal doit ordonner des mesures conservatoires dans l'intérêt des appelés à naître[2].

II. *Confection d'un inventaire.* — La seconde formalité prescrite dans l'intérêt des appelés consiste dans un inventaire, devant constater régulièrement les biens qui font l'objet de la substitution. «Après le décès de celui qui aura disposé à la charge de restitution, dit à cet égard l'art. 1058, il sera procédé, dans les formes ordinaires, à l'inventaire de tous les biens et effets qui composeront la succession, excepté néanmoins le cas où il ne s'agirait que d'un legs particulier.»

Il y a donc lieu de distinguer : ou la substitution comprend une universalité ou une quote-part du patrimoine du disposant, ou bien elle ne porte que sur certains objets déterminés ; dans le premier cas, un inventaire doit être dressé ; dans le second, cette formalité n'est pas nécessaire, et cela par une raison facile à comprendre : c'est que le legs particulier contient, par la force des choses, la désignation, autrement dit l'inventaire des objets grevés de restitution. — C'est pour une raison analogue que l'art. 1058 se réfère uniquement au cas où la substitution est établie par un acte testamentaire, et non à celui

1. Duranton, t. IX, n° 566.
2. Zachariæ, t. V, § 696, texte, note 27.

où elle est faite par donation entre-vifs : c'est que la donation ne peut, par sa nature, avoir pour objet que des biens présents[1] ; les immeubles y sont toujours désignés, et quant aux meubles qu'elle peut comprendre, on sait qu'elle n'est valable que pour ceux dont un état estimatif a été annexé à l'acte même qui la constate (art. 948).

Néanmoins, si la substitution portait sur une universalité de fait (une bibliothèque, un troupeau), il serait nécessaire d'en faire établir la consistance au moyen d'un état détaillé et estimatif (arg. art. 1058 et 1064)[2].

L'inventaire, exigé par l'art. 1058, doit contenir la prisée à juste prix des meubles et effets mobiliers (art. 1058, in fine), ainsi que des bestiaux et ustensiles servant à faire valoir les terres (art. 1064). — Il va de soi que l'estimation des meubles incorporels, tels que des créances ou des rentes, n'est pas nécessaire. — Il sera de bonne précaution de faire dresser un procès-verbal constatant l'état des immeubles.

L'obligation de faire confectionner un inventaire est imposée : 1° au grevé, s'il est majeur, et à son propre tuteur, s'il est mineur ; 2° au tuteur nommé à la substitution, lorsque le grevé ou son tuteur n'a pas satisfait à son obligation. S'il est fait à la requête du grevé ou de son représentant, le tuteur à la substitution doit y être appelé.

Il doit être dressé «dans le délai fixé au titre des successions», c'est-à-dire dans les trois mois à partir du jour de la mort du testateur. Lorsque l'inventaire n'a pas été fait à la requête du grevé, dans le délai qui lui est accordé à cet effet, le tuteur à la substitution est tenu d'y faire procéder dans le mois suivant (art. 1058, 1059, 1060).

S'il n'a point été satisfait à ces prescriptions, l'inventaire peut être dressé à la diligence des appelés, s'ils sont majeurs, de leur tuteur, s'ils sont mineurs ou interdits, de leurs parents, ou même du procu-

1. Par exception les substitutions faites par contrat de mariage peuvent porter sur des biens à venir (art. 1082, 1093).

2. Zachariæ, t. V, § 696, texte, note 30.

reur impérial, mais à la charge d'y appeler le grevé ou son tuteur et le tuteur nommé pour l'exécution (art. 1061). — Les frais qui en résulteront sont à prendre sur les biens compris dans la substitution (art. 1059, *in fine*).

III. *Vente du mobilier.* — L'art. 1062 prescrit en faveur des appelés une troisième formalité qui consiste dans l'obligation imposée au grevé de faire vendre les meubles compris dans la substitution.

«Le grevé de restitution, dit cet article, sera tenu de faire procéder à la vente, par affiches et enchères, de tous les meubles et effets compris dans la disposition, à l'exception néanmoins de ceux dont il est fait mention dans les deux articles suivants» :

Art. 1063. — «Les meubles meublants et autres choses mobilières qui auraient été compris dans la substitution, à la condition expresse de les conserver en nature, seront rendus dans l'état où ils se trouveront lors de la restitution.»

Art. 1064. — «Les bestiaux et ustensiles servant à faire valoir les terres seront censés compris dans les donations entre-vifs et testamentaires desdites terres; et le grevé sera seulement tenu de les faire priser et estimer, pour en rendre une valeur égale[1] lors de la restitution.»

Cet article paraît contenir une disposition inutile, puisque les bestiaux et ustensiles, dont il est question, sont, en vertu de l'art. 524, immeubles par destination. Mais il faut se rappeler que le titre des *donations* dans lequel se trouve l'art. 1064 a été fait un an environ avant le titre de la distinction des biens, où se trouve l'art. 524, et qu'à cette époque les bestiaux et ustensiles servant à l'exploitation d'un fonds de terre étaient rangés dans la classe des meubles.

Aux deux exceptions signalées par le Code, on peut citer celle rela-

---

1. L'art. 1064 eût mieux fait, en ce qui concerne ces expressions *«pour rendre une égale valeur»*, de reproduire la rédaction de l'ordonnance de 1747, art. 6, portant : *«pour en rendre d'une égale valeur.»*

tive aux meubles incorporels ; il ressort de l'art. 1066 qu'ils ne doivent pas être vendus ; car le recouvrement en est laissé au grevé, et il est tenu de faire emploi des deniers en provenant. Cette disposition s'explique par cette circonstance que ces objets ont une valeur fixe et invariable, non sujette à dépérissement par l'usage [1].

La loi ne fixant aucun délai pour la vente des meubles, on pourrait décider que le grevé est tenu d'y faire procéder immédiatement. Toutefois, comme l'art. 1065 ne prescrit le placement des sommes provenant de la vente des meubles que dans le délai de six mois à compter de la clôture de l'inventaire, il semble naturel de penser que le grevé n'est pas en faute tant qu'il se trouve dans ce délai.

La vente peut à la rigueur avoir lieu hors la présence du tuteur ; mais il est de l'intérêt de ce dernier d'y assister (arg. art. 1073) ; et il aurait le droit et même l'obligation d'actionner le grevé qui négligerait de la faire faire, pour se faire autoriser à y procéder lui-même [2].

IV. *Emploi des deniers.* — Enfin la quatrième mesure, prescrite par la loi pour la conservation des droits des appelés, consiste dans l'emploi que doit faire le grevé : 1° des deniers comptants existant au décès du disposant ; 2° du produit de la vente des meubles ; 3° des sommes provenant du remboursement des créances ordinaires ou des rentes (art. 1065, 1066, 1068).

Quant au délai dans lequel l'emploi de ces sommes doit être fait, il y a lieu d'établir une distinction : les deniers comptants formant l'objet direct de la substitution, et qui existent dans la succession du disposant, et les sommes qui proviennent de la vente d'effets mobiliers doivent être placés dans six mois, à compter du jour de la clôture de l'inventaire. — Dans le même délai doit être fait l'emploi des

1. Grenier, t. I, n° 388 ; Toullier, t. V, n° 760 ; Zachariæ, t V, § 696, texte, note 31.

2. Toullier, t. V, n° 758.

39

sommes provenant du paiement des créances et du remboursement des rentes, lorsque le recouvrement de ces sommes par le grevé a eu lieu avant la clôture de l'inventaire. — Ce délai peut être prolongé s'il y a lieu (art. 1065). — Quant à celles payées au grevé depuis la clôture de l'inventaire, l'emploi doit en être fait dans les trois mois, à compter du jour du paiement (art. 1066). — La différence de ces délais peut s'expliquer par cette considération : c'est que les sommes dont il est question dans l'art. 1065 étant en général d'une importance plus grande que celles dont il s'agit dans l'hypothèse de l'art. 1066, la loi a dû donner, pour l'emploi des premières, un délai plus long que pour le placement des secondes. — Observons encore qu'il résulte de la combinaison de ces deux articles que le délai de trois mois, à la différence du premier, ne saurait être prolongé.

L'emploi des deniers doit être fait conformément aux prescriptions de l'auteur de la disposition, s'il a désigné lui-même le mode de collocation ; sinon, il ne pourra l'être, porte l'art. 1067, qu'en immeubles, ou avec privilége sur des immeubles. — Comment doivent être comprises ces dernières expressions ? — Sont-elles limitatives au point d'interdire tout placement qui ne résulterait pas ou d'une acquisition d'immeubles, ou d'un privilége acquis sur des immeubles ? Évidemment non. Le seul but de la loi est d'assurer les droits des appelés : or, du moment qu'un placement offrira les mêmes avantages que ceux prescrits par la loi, il n'est aucune raison de le proscrire. Ainsi, par exemple, un placement en première hypothèque serait parfaitement suffisant, si, bien entendu, l'immeuble grevé n'était soumis à aucun privilége[1]. — D'ailleurs, exiger d'une manière absolue un placement avec privilége, ce serait, dans la plupart des circonstances, demander l'impossible.

L'emploi, exigé par les articles que nous venons de faire connaître,

1. Toullier, t. V, n° 760, in fine ; Duranton, t. IX, n° 574 ; Zachariæ, t. V, § 696, texte, note 34 ; Troplong, Donat. t. IV, n° 2280.

doit être fait en présence et à la diligence du tuteur à la substitution (art. 1068).

Les débiteurs qui se sont acquittés entre les mains du grevé ne sont pas responsables du défaut d'emploi des sommes payées ; car le grevé, ayant qualité pour recevoir et les contraindre au paiement, ils ne sauraient se refuser à l'opérer [1]. L'ordonnance de 1747, art. 15, les dispensait expressément de surveiller l'emploi. — Le tuteur, nommé pour l'exécution, est déclaré, par l'art. 1073, personnellement responsable envers les appelés de tout préjudice qu'ils éprouveraient, s'il ne s'est pas en tout point conformé aux règles ci-dessus établies pour constater les biens, pour la vente du mobilier, pour l'emploi des deniers, et, en général, s'il n'a pas fait toutes les diligences nécessaires pour que la charge de restitution soit bien et fidèlement acquittée. — Le grevé mineur ne peut, même en cas d'insolvabilité de son tuteur, être restitué contre l'inexécution de ces règles (art. 1074).

§ 2.

Mesures prescrites dans l'intérêt des tiers.

Nous l'avons déjà dit au commencement de ce chapitre, le grevé ne devient pas propriétaire irrévocable des biens compris dans la substitution ; son droit s'éteint rétroactivement par la réalisation de la condition résolutoire à laquelle il est subordonné ; et cette extinction entraîne en même temps celle de tous les droits qu'il a conférés aux tiers, par application de la maxime : *Nemo ad alium plus juris transferre potest quam ipse habet.* La loi devait donc, dans l'intérêt de ces derniers et pour écarter le piége qu'une substitution clandestine eût tendu à leur crédulité, prescrire la publicité de toute disposition renfermant charge de rendre.

L'art. 1069 dispose à cet égard que les substitutions devront être

1. Toullier, t. V, n° 762.

rendues publiques, savoir, quant aux immeubles, par la transcription des actes sur les registres du bureau des hypothèques du lieu de la situation; et quant aux sommes colloquées avec privilége sur des immeubles, par l'inscription sur les biens affectés au privilége [1].

Ainsi, que la substitution ait été faite par donation ou par testament, le contrat de donation ou l'acte testamentaire doivent être transcrits sur le registre du bureau des hypothèques du lieu de la situation. Grâce à l'accomplissement de cette formalité, les tiers seront informés, d'une part, que le disposant a cessé d'être propriétaire, et d'autre part que le grevé n'a acquis sur les immeubles compris dans la substitution qu'une propriété révocable.

Lorsque les capitaux transmis par la disposition ont été employés à l'acquisition d'immeubles, ces actes d'acquisition doivent être également transcrits, et cela par la même raison, c'est-à-dire pour prévenir les tiers de la révocabilité des droits du grevé sur ces immeubles.

Lors, au contraire, que les capitaux ont été placés avec hypothèque ou privilége sur des immeubles (c'est le second cas prévu par l'art. 1069), les tiers devront être avertis au moyen d'une annotation de l'acte, contenant substitution, en marge des inscriptions hypothécaires déjà prises à raison des créances résultant du placement, ou au moyen d'une relation de ces actes dans les inscriptions à prendre [2]. — Les tiers ont en effet le même intérêt que précédemment à savoir que la créance, acquise au grevé par suite du placement de fonds substitué, est subordonnée à une condition résolutoire; car, que le grevé la donne en gage ou qu'il la cède, les droits du créancier gagiste ou du cessionnaire seront soumis aux mêmes chances de révocabilité que les siens.

L'obligation de rendre la substitution publique n'est imposée formellement par l'art. 1069 qu'au grevé et au tuteur nommé pour l'exécution; mais il n'est pas douteux qu'elle existe également pour le

1. Troplong, Donat. t. IV, n° 2282.
2. Zachariæ, t. V, § 696, texte, note 36.

tuteur du grevé, quand il est mineur, et pour le tuteur des appelés (arg. art. 1056 et 940).

Quand les formalités prescrites par l'art. 1069 ont été exactement remplies, les tiers qui ont contracté avec le grevé ne sont pas recevables à se plaindre du préjudice que leur cause l'anéantissement de leurs droits, sous prétexte qu'ils ignoraient la substitution.

Réciproquement, le défaut de transcription ou d'inscription, exigées par cet article, ne saurait être suppléé ni regardé comme couvert par la circonstance que les tiers intéressés ont été informés d'une autre manière de l'existence de la substitution (art. 1071)[1].

Mais il nous reste à dire quels sont les tiers intéressés auxquels compète la faculté d'opposer le défaut de transcription ou d'inscription. L'art. 1070 repond à cette question en disant que le défaut de publicité de la substitution pourra être opposé par les *créanciers* et les *tiers-acquéreurs*. Par ces expressions *les créanciers*, il faut entendre les créanciers du grevé, sans distinguer d'ailleurs s'ils sont hypothécaires ou chirographaires, car la loi ne distingue pas. — Et par les mots *tiers-acquéreurs*, il faut entendre les tiers qui ont acquis du grevé, *à titre onéreux*, des immeubles compris dans la substitution, ou au profit desquels il aurait constitué, également à titre onéreux, des droits réels sur ces biens[2]. Nous disons *à titre onéreux*, car, par l'expression tiers-acquéreurs, la loi suppose en général des acquéreurs à titre onéreux, et, dans l'hypothèse spéciale, cette supposition devient évidente par suite de l'assimilation faite par l'article des tiers-acquéreurs aux créanciers. D'ailleurs la différence de position entre les tiers-acquéreurs à titre onéreux et les acquéreurs à titre gratuit justifie entièrement cette distinction ; car ceux-ci *certant de lucro captando*, ceux-là au contraire *certant de damno vitando*.

Ainsi donc les héritiers, les donataires ou légataires du grevé et

1. Quoique l'art. 1071 ne parle pas du défaut d'inscription, sa disposition est également applicable à l'absence de cette formalité, cela ressort de l'art. 1072.

2. Zachariæ, t. V, § 696, 4, texte, note 43. Troplong, Donat. t. IV, n° 2285.

leurs donataires ou légataires ne peuvent pas opposer le défaut de transcription.

D'un autre côté, aux termes de l'art. 1072, « les donataires, légataires, ni même les héritiers légitimes de celui qui aura fait la disposition, ni pareillement leurs donataires, légataires ou héritiers ne pourront en aucun cas opposer aux appelés le défaut de transcription ou inscription. »

Pour bien comprendre cet article, il faut tenir compte de la différence qui existe entre la publicité de la donation et la publicité de la substitution. La transcription de la première est exigée dans l'intérêt des ayants cause du disposant ; la transcription de la seconde est prescrite dans l'intérêt de ceux qui traitent avec le grevé. Que la donation soit transcrite, et les ayants cause du disposant ne pourront se plaindre du défaut de transcription de la substitution, car que leur importe que le donataire soit ou non grevé de la charge de restituer? Ce qui leur importe de connaître, et ce qui doit leur être notifié, c'est que le disposant a abdiqué les droits de propriété sur les biens donnés. — Quant à la publicité de la substitution, elle ne peut être réclamée que par les ayants cause du grevé : eux seuls sont en effet intéressés à savoir que le donataire n'est devenu propriétaire que sous condition résolutoire. — L'art. 1072[1] suppose que la donation a été transcrite comme telle, mais que la clause contenant substitution ne l'a pas été. Cet article n'est qu'une application partielle de ce qui vient d'être dit; il faut l'étendre aux créanciers et aux tiers-acquéreurs du disposant[2].

En résumé, le défaut de transcription ou d'inscription, exigées par l'art. 1069, ne peut être opposé aux appelés que par les créanciers du grevé et les tiers-acquéreurs, qui ont acquis de son chef les immeubles substitués ou des droits réels sur les immeubles.

Mais il peut être opposé aux appelés alors même qu'ils sont mineurs ou interdits, et bien que le grevé ou le tuteur à la substitution,

1. Copié dans l'art. 34 de l'ordonnance de 1747.
2. Zachariæ, t. V, § 696, note 44.

contre lesquels la loi leur ouvre un recours, se trouveraient insolvables (art. 1070).

L'art. 1073 déclare le tuteur, nommé pour l'exécution, personnellement responsable s'il n'a pas satisfait à toutes les obligations, en ce qui concerne la transcription ou l'inscription de la substitution. — Le grevé mineur ne pourra, dans le cas même d'insolvabilité de son tuteur, être restitué contre le défaut de publicité de la substitution (art. 1074).

CHAPITRE III.

Des droits et des obligations du grevé; des droits des appelés.

§ 1er.

Des droits du grevé et de ses obligations.

Le grevé est propriétaire des biens compris dans la substitution sous une condition résolutoire; cette condition consiste dans l'événement futur et incertain de la survie de l'appelé à l'époque de l'ouverture de la substitution. Si cet événement ne se réalise pas, c'est-à-dire si le grevé décède sans postérité, ce dernier aura été, depuis la donation ou la mort du disposant, seul et unique propriétaire d'une manière absolue et irrévocable. Si, au contraire, l'événement se réalise, c'est-à-dire si le grevé, au jour de l'ouverture de la substitution, laisse des descendants, son droit de propriété s'éteindra rétroactivement à cette époque au profit des appelés. — Mais jusque-là il devra être considéré comme propriétaire.

Il en résulte notamment :

1° Que le grevé peut, aussi longtemps que son droit n'est pas résolu, aliéner les biens qui forment l'objet de la substitution et consentir sur les immeubles des hypothèques et des servitudes. — Il est bien entendu que les appelés ou le tuteur à l'exécution, qui ne sont pas, avant l'ouverture de la substitution, recevables à critiquer ces actes, seraient admis à faire tous les actes conservatoires de leurs droits éventuels ; ils seraient notamment autorisés à interrompre contre les tiers-acquéreurs le cours de l'usucapion.

2º Que le grevé peut poursuivre et recevoir le paiemet des créances comprises dans la substitution et en donner bonne et valable quittance sans le concours du tuteur nommé à l'exécution. — Les débiteurs qui ont payé entre ses mains sont définitivement libérés et à l'abri des actions des appelés, quand bien même le grevé n'aurait pas fait des deniers l'emploi prescrit par les art. 1066 et suivants. Toutefois ils pourraient être recherchés dans le cas où, la substitution leur ayant été notifiée avec défense d'opérer le paiement hors la présence des appelés ou de leur tuteur, ils auraient payé au mépris de cette injonction.

Le grevé peut aussi, en général, céder les créances qui dépendent de la substitution d'une manière irrévocable. Ce droit, qui appartient au simple administrateur comme la conséquence naturelle de la faculté d'en poursuivre la rentrée et d'en donner quittance, doit *a fortiori* être accordé au grevé, lequel, quoique sous condition résolutoire, est propriétaire[1].

3º Que le grevé a le droit d'exercer toutes les actions actives, personnelles ou réelles, et réciproquement que l'on peut exercer contre lui les mêmes actions relatives aux objets corporels ou incorporels compris dans la substitution.

Les jugements rendus en faveur du grevé profitent également aux appelés. Mais sont-ils liés par les jugements rendus contre lui ? — Il faut distinguer : si les appelés ont été représentés dans l'instance par le tuteur, nommé à l'exécution, et si en outre le ministère public a été entendu en ses conclusions, le jugement prononcé contre le grevé est également obligatoire pour les appelés[2].

Du principe énoncé sous ce numéro, il suit que les actions relatives

---

1. Zachariæ, t. V, § 696, texte, note 49.
2. Duranton, t. IX, nº 591.

aux biens substitués sont susceptibles de se prescrire contre le grevé et
au préjudice des appelés. — Il n'y a pas, sous ce rapport, de distinction à faire entre les actions personnelles et mobilières et les actions
réelles immobilières. C'est à tort qu'à l'égard de ces dernières quelques auteurs [1] ont invoqué la maxime : *Contra agere non valentem, non
currit prescriptio;* l'application de cet adage au cas particulier n'est pas
juste, car rien n'empêche les appelés ou le tuteur à l'exécution d'interrompre, par voie conservatoire , avant l'ouverture de la substitution, le cours de l'usucapion contre les tiers-détenteurs des immeubles
substitués [2]. Les droits ainsi prescrits contre le grevé ne revivent point,
après l'ouverture de la substitution en faveur des appelés, pas même
de ceux qui pourraient alléguer qu'ils étaient mineurs ou qu'ils n'étaient
pas encore nés au moment où la prescription s'est accomplie et que
dès lors son cours a été suspendu [3]. — Et en effet la maxime, citée
plus haut, est ici également inapplicable, car ce n'est pas contre les
appelés que court la prescription des actions dont il s'agit, mais uniquement contre le grevé en la personne de qui elles résident, et auquel l'exercice de ces actions est exclusivement attribuée jusqu'à la résolution de son droit. — Il en serait différemment pour ce qui concerne les prescriptions acquisitives au profit des tiers qui tiennent
leur titre du grevé , puisque, dans cette dernière hypothèse, le droit
des appelés de demander la résolution des aliénations consenties par
le grevé leur est tout à fait personnel et de nature, par conséquent, à
ne s'éteindre que par des prescriptions acquises contre eux [4].

4° Que le grevé peut faire des transactions relativement aux biens
substitués ; car ces transactions seront opposables aux appelés si elles
ont été faites en conformité des règles de l'art. 467, et si elles ont été
passées en présence et avec l'assentiment du tuteur [5].

1. Grenier, t. I, n° 383 ; Vazeille, des Prescriptions, n° 303.
2. Toullier, t. V, n° 740.
3. *Contra* Duranton, t. IX, n° 610.
4. Zachariæ, t. V, § 696, texte, note 51.
5. Ordonn. de 1747, tit. 2, art. 53 ; Duranton, t. IX, n° 592.

L'art. 1054 contient une exception au principe émis au commencement de ce chapitre et en vertu duquel la propriété du grevé est résoluble en faveur des appelés par l'événement de la condition qui donne ouverture à la substitution [1]. Cet article est ainsi conçu : «Les femmes du grevé ne pourront avoir, sur les biens à rendre, de recours subsidiaire, en cas d'insuffisance de biens libres, que pour le capital des deniers dotaux, et dans le cas seulement où le testateur l'aurait expressément ordonné.» — Ainsi, malgré l'ouverture des droits des appelés, l'hypothèque légale de la femme du grevé resterait efficace sous les conditions suivantes : il faut 1° que l'auteur de la substitution l'ait expressément ordonné; 2° que les biens libres du grevé soient insuffisants; 3° que l'hypothèque ait été accordée, non pas d'une manière générale, pour toutes les créances que la femme peut avoir contre son mari, mais seulement pour la sûreté du *capital de ses deniers dotaux.*

Le grevé est tenu d'apporter à la conservation et à l'entretien des biens substitués tous les soins d'un bon père de famille. Ainsi, il doit, à peine de dommages-intérêts, interrompre les prescriptions qui courraient au profit de tierces-personnes. Il est tenu de payer les contributions ordinaires ainsi que les arrérages des rentes ou intérêts des sommes dont la substitution est grevée pour ce qui en court pendant sa jouissance. — Les contributions extraordinaires et toutes les autres charges relatives non pas à la jouissance, mais à la propriété des biens doivent être avancées par le grevé, qui pourra en réclamer le remboursement sans intérêts à l'époque de l'ouverture; ou bien elles sont avancées par le substitué qui en reçoit alors les intérêts durant toute la jouissance du grevé (cpr. art. 609).

Les capitaux des dettes ne sont pas dus par le grevé, mais ils doivent être acquittés sur les fonds grevés, à moins que ce dernier ne préfère avancer le capital de ces dettes qui lui sera remboursé sans

1. Troplong, Donat. t. IV, n° 2250-2252.

intérêts à la fin de sa jouissance, ou que l'appelé ne veuille lui-même faire cette avance, dont l'intérêt lui serait payé jusqu'à l'ouverture de son droit (cpr. art. 612).

Si des impenses, améliorations ou constructions ont été faites par le grevé, il a droit d'en recouvrer les frais lors de la restitution, si ces impenses ont été nécessaires [1].

§ 2.

Des droits de l'appelé durant la jouissance du grevé.

Tant que dure la jouissance du grevé, les substitués n'ont qu'une simple espérance de recueillir la substitution. Ainsi, de ce qu'ils ne sont pas encore propriétaires, il suit que si un bien de la substitution avait été saisi immobilièrement sur le grevé, les appelés ne pourraient, quant à présent, demander la nullité de la poursuite. Mais ils peuvent exercer tous les actes conservatoires de leurs droits : ainsi, requérir la confection d'un inventaire, la vente des meubles, l'emploi des deniers, etc.

L'ordonnance de 1747 accordait aux appelés une hypothèque légale sur les biens libres du grevé pour assurer la restitution des biens grevés. Aujourd'hui cette hypothèque n'existe plus, car elle n'a pas été maintenue. — Mais les appelés peuvent obtenir une hypothèque judiciaire sur les biens libres du grevé. A cet effet, ils devraient obtenir contre ce dernier des condamnations tendant à le contraindre à une bonne administration, notamment à faire l'emploi des deniers [2].

1. Toullier, t. V, n° 775.
2. Toullier, t. V, n° 764.

CHAPITRE IV.

De l'ouverture des substitutions.

Le droit des appelés s'ouvre quand celui du grevé prend fin. Or, quand le droit des appelés s'éteint-il? La loi ne le dit point formellement : nous allons le rechercher.

L'événement ordinaire et normal qui donne ouverture à la substitution, c'est la mort du grevé; cette ouverture se trouve de plus subordonnée à la condition de survie des appelés au grevé (art. 1048 et 1049). Si donc tous les appelés sont morts à l'époque du décès du grevé, et quand bien même ils laisseraient un ou plusieurs enfants, la substitution serait caduque et dès lors ne s'ouvrirait pas au profit de ces derniers[1]. Les biens qu'elle comprend font partie de la succession du grevé et sont assimilés aux autres biens; les petits-enfants n'y peuvent prétendre qu'en qualité d'héritiers et selon les règles du droit commun. Toutefois, si le grevé mourait, laissant d'une part des enfants au premier degré, et d'autre part des descendants d'un ou de plusieurs enfants prédécédés, les petits-enfants du grevé représenteraient leur père ou mère prédécédé et recueilleraient la partie des biens substitués qui leur aurait été attribuée, s'il avait lui-même survécu au grevé (art. 1051).

Exceptionnellement la substitution s'ouvre du vivant du grevé, soit d'une manière absolue, soit seulement à l'égard de certaines personnes et sous certains rapports :

1° Par l'arrivée du terme ou de la condition, lorsque le disposant a

1. Toullier, t. V, n° 726; Duranton, t. IX, n° 548;   en sens contraire Malleville et Delvincourt, sur l'art. 1051.

7

fixé pour la restitution une époque autre que celle du décès du grevé,
ou qu'il l'a fait dépendre d'un événement incertain autre que la survie des appelés. Dans cette hypothèse, la substitution est ouverte sous
tous les rapports et à l'égard de toutes personnes indistinctement[1].

2º Par la déchéance prononcée contre le grevé, lorsqu'il a négligé
de faire nommer un tuteur à la substitution; ce cas est expressément
prévu par l'art. 1057. Il en a été déjà question.

3º Par la déchéance qui pourrait être prononcée contre lui lorsqu'il s'est rendu coupable d'abus de jouissance.

Ce cas de déchéance est admis par l'application de l'art. 618 relatif
à l'usufruitier, et aux termes duquel l'usufruit peut cesser par l'abus
que l'usufruitier fait de sa jouissance, soit en commettant des dégra-
dations sur les fonds, soit en les laissant dépérir faute d'entretien. —
Toullier enseigne que les juges ne doivent prononcer cette déchéance
contre le grevé qu'à la charge aux appelés ou au tuteur nommé pour
l'exécution de lui remettre annuellement ou à ses ayants cause, après
déduction de toutes charges de réparation et d'entretien, le revenu net
des biens jusqu'à l'instant où devrait se faire la restitution[2]. Ainsi le
grevé ne reste pas moins propriétaire des biens compris dans la substitution; et d'ailleurs la déchéance, qui dans ces circonstances serait
prononcée contre lui, n'aurait aucune influence sur la position et les
droits des appelés entre eux.

4º Par l'abandon anticipé que le grevé fait des biens substitués au
profit des appelés. Le grevé peut abandonner ou la jouissance seulement ou la propriété. — Au premier cas, l'abandon fait par le grevé
ne donne pas ouverture à la substitution, puisque le droit de propriété demeure sur sa tête jusqu'à sa mort. On ne peut même dire
qu'elle est ouverte quant au droit de jouissance, que ce droit s'est
éteint dans la personne du grevé, et qu'il s'est ouvert dans la personne

---

1. Toullier, t. V, nº 780 et 781 ; Zachariæ, t. V, § 696, p. 296.
2. Toullier, t. V, nº 782.

des appelés : rien d'analogue n'a lieu. Le grevé a transmis son droit à ses enfants comme il aurait pu en disposer au profit du premier venu; ses enfants le tiennent non pas du disposant, mais du grevé lui-même ; ils en sont investis non pas en qualité d'appelés, mais en qualité de donataires du grevé. Cette libéralité ne peut donc être acquise que par ceux qui étaient déjà nés ou au moins conçus au moment de l'abandon; ceux qui en ont été investis ne sont pas tenus de la communiquer aux enfants dont la conception et la naissance sont postérieures à cette époque.

L'art. 1053 a donc employé le mot *jouissance*, comme synonyme du mot *propriété*.

L'abandon de la propriété par le grevé forme réellement une cause d'ouverture de la substitution. En effet, aux termes de l'art. 1053, le droit des appelés s'ouvre lorsque le droit du grevé cesse par quelque cause que ce soit; le droit du grevé cesse par l'abandon qu'il en fait; donc celui des appelés commence. — Toutefois, cette espèce d'ouverture de la substitution, qui est définitive à l'égard du grevé et à l'égard des appelés vivants au moment de l'abandon, n'est que provisoire à l'égard des appelés qui n'étaient pas conçus à l'époque où cet abandon a eu lieu[1]. Le droit des appelés reste donc entier. Soient trois enfants appelés, vivants au moment de l'abandon, et un quatrième appelé conçu et né postérieurement à cette époque : ces quatre appelés survivent-ils au grevé, le dernier né a droit à un quart des biens, qui est pris sur la part attribuée à chacun des trois autres. Les trois appelés, qui étaient vivants au moment de l'abandon, meurent-ils avant le grevé, le quatrième enfant qui lui survit a droit à la totalité des biens. Si l'enfant conçu et né postérieurement à l'abandon meurt avant le grevé, chacun des trois autres conserve intacte la part qui lui avait été attribuée par l'effet de l'ouverture anticipée. — D'un autre côté, la restitution anticipée ne peut préjudicier aux créanciers du grevé

1. Troplong, Donat. t. IV, n° 2242.

antérieurs à l'abandon, ni aux tiers qui auraient contracté avec lui avant la même époque (art. 1055 et arg. de cet art.). Ainsi, les appelés ne seraient pas recevables, avant le décès du grevé, à revendiquer les immeubles substitués contre les tiers qui les auraient acquis du grevé. Ainsi encore, l'abandon anticipé ne peut empêcher que les créanciers du grevé, dont la créance a une date certaine antérieure à l'abandon, ne puissent exercer sur la jouissance des biens les mêmes droits que si la restitution n'eut pas eu lieu avant la mort du grevé[1].

5° Lorsque le grevé a été déclaré indigne, les appelés ne viennent pas en vertu de la substitution fidéicommissaire, mais comme substitués vulgairement. Par suite, il faut que les appelés soient conçus à l'époque du décès du grevé, sous peine de caducité du legs.

6° En cas d'ingratitude, la charge de restitution s'ouvre au profit des appelés; s'il n'existe pas d'appelés, les biens rentrent dans la main du donateur, mais à charge de les restituer aux appelés qui pourront survivre.

L'ouverture de la substitution a en général pour effet de rendre les appelés propriétaires incommutables des biens substitués.

Les biens substitués doivent être délivrés aux appelés non-seulement avec les accessoires qui en dépendaient lors de l'entrée en jouissance du grevé, mais encore avec les accessoires qu'ils peuvent avoir reçus.

Après l'ouverture de la substitution, les appelés peuvent demander contre les tiers-détenteurs le délaissement ou la restitution des biens substitués que le grevé a transmis à ces derniers, à un titre quelconque.

Les appelés peuvent également faire déclarer les biens substitués francs et quittes des charges et servitudes auxquelles le grevé peut les avoir assujettis et poursuivre la radiation des inscriptions hypothécaires prises de son chef.

---

1. Toullier, t. V, n° 784 et suiv.; art. 42 de l'ord. de 1747; Duranton, t. IX, n° 605; Zachariæ, t. V, § 696, p. 297.

Toutefois, lorsque la substitution s'est ouverte par suite d'une restitution anticipée ou de la déchéance du grevé pour abus de jouissance, les appelés, auxquels les biens ont été restitués par anticipation,
ne peuvent, avant le décès du grevé, revendiquer les immeubles substitués contre les tiers qui les auraient acquis de ce dernier.

DROIT COMMERCIAL.

De la novation des obligations résultant de la lettre de change.

En droit civil, les obligations peuvent, d'après l'art. 1234 du Code Napoléon, s'éteindre de neuf manières différentes. Bien que le Code de commerce ne mentionne que le paiement et la prescription comme modes d'extinction des obligations résultant de la lettre de change, il est incontestable que les autres modes d'extinction désignés par le droit civil leur sont, en thèse générale, également applicables[1].

Les principes généraux du droit commun conservent en cette matière toute leur autorité, et on devra les appliquer, mais en les combinant toutefois avec les règles spéciales au contrat de change. — Une de ces règles spéciales qu'il convient, à cause de son importance, de poser tout d'abord, c'est la suivante : à raison du caractère éminemment négociable de la lettre de change, dont le paiement doit être effectué au tiers porteur de bonne foi, une lettre de change, bien qu'éteinte par un quelconque des modes énumérés par l'art. 1234 du Code Napoléon, peut revivre par l'effet d'un endossement au profit du tiers porteur de bonne foi.

1. Locré, t. 2, p. 332 et 334.

Nous n'avons à nous occuper que d'un seul mode d'extinction des obligations engendrées par la lettre de change, c'est la *novation*.

La novation peut être définie : la transformation contractuelle d'une obligation en une autre. — Pothier la définit ainsi : «c'est la substitution d'une nouvelle dette à une ancienne [1].» Puis il ajoute que l'ancienne est éteinte par la nouvelle.

Toute novation suppose donc une obligation antérieure qui sert de cause à l'obligation nouvelle. Il suit de là notamment que si la première obligation est éteinte au moment où la seconde est contractée, la novation doit être considérée comme non avenue; que si l'obligation antérieure est subordonnée à une condition suspensive, la novation dépendra également de l'accomplissement de cette condition; que l'obligation première n'est éteinte que si l'obligation nouvelle est valable.

La novation éteignant et engendrant tout à la fois une obligation, ne peut dès lors être faite qu'entre personnes capables de contracter (art. 1272, Code Nap.). — Ainsi, par exemple, si le porteur d'une lettre de change, étant incapable, fait novation avec le tiré, cette novation est entachée d'une cause de nullité.

Suivant un autre principe du droit civil, puisé dans la législation de Justinien et des pays coutumiers, la novation ne se présume pas (art. 1273, C. Nap.); il n'est pas, à la vérité, nécessaire qu'elle soit expressément stipulée, mais il faut que la volonté de l'opérer résulte clairement de l'acte ou tout au moins des circonstances qui l'ont accompagné; ainsi il a été décidé par la cour de cassation que cette volonté peut être suffisamment établie par des présomptions appuyées d'un commencement de preuve par écrit [2]. — En matière commerciale, où toute espèce de preuves sont admissibles, le principe énoncé plus haut doit être étendu; les juges ne sont pas astreints à recher-

1. Traité des Oblig., t. 2, n° 546.
2. C. cass., 14 mars et 9 juillet 1854; Dalloz, 1854, 1re part., p. 142 et suiv., et p. 307 et suiv.

cher dans l'acte même la preuve de la novation ; ils pourront la trouver dans des circonstances concomitantes et l'admettre sur de simples présomptions [1]. Cette théorie est applicable soit au cas d'une obligation commerciale éteinte et remplacée par une obligation civile, soit au contraire à l'hypothèse d'une obligation civile remplacée par une obligation commerciale ; car, dans les deux espèces, il y a acte de commerce, d'une part extinction, d'autre part création d'une obligation commerciale.

Différentes espèces de novation. — Toute obligation se compose de trois éléments essentiels : un objet, un créancier, un débiteur. Si l'un de ces éléments disparaît et est remplacé par un autre, l'obligation est alors elle-même transformée en une nouvelle obligation. La novation peut donc s'opérer de trois manières principales : 1° par changement d'objet ; 2° par changement de créancier ; 3° par changement de débiteur (cpr. art. 1271, C. Nap.).

Dans le premier cas elle est dite objective ou réelle. Elle peut avoir lieu entre le porteur et l'accepteur d'une lettre de change, et même avec le tiré qui n'a pas encore accepté ; entre le porteur et le tireur, entre le porteur et un endosseur ou un donneur d'aval ou une caution, et enfin entre le tireur et le tiré qui peuvent supprimer la lettre de change et la remplacer par un autre titre quelconque soit authentique, soit sous seing privé [2].

Si la novation s'opère entre le porteur et l'accepteur, tous les garants et le tireur lui-même sont libérés ; si elle a lieu entre le tireur et le porteur, tous les garants et même l'accepteur sont déchargés de leur obligation [3], et alors il existe entre le débiteur et le créancier une nouvelle obligation régie par les principes qui sont propres à sa nature. Cependant, si malgré la novation qui s'est accomplie, la lettre de change, n'ayant pas été détruite, avait été négociée, les obligations

1. Cass. Ch. req., 31 mai 1854.
2. Delvincourt, Inst. t. I, p. 111.
3. Pardessus, Elém. de jurisp. com. p. 276.

de l'accepteur et des garants revivraient en faveur du nouveau porteur
de bonne foi, et cela par application du principe énoncé au commencement de cette thèse. — Mais le porteur, par qui s'est opérée la novation, ne pourrait, d'accord avec l'autre partie, faire revivre à son
profit et au préjudice des autres obligés la lettre de change éteinte,
car ceux-ci étant libérés, il ne peut plus dépendre de lui de les lier de
nouveau.

Quand une lettre de change est remplacée par une autre, ce renou-
vellement constitue-t-il novation? Oui, si le second titre remplace purement et simplement le premier et entraîne son extinction absolue;
non, dans le cas où il n'est fourni que comme moyen de paiement:
alors l'extinction du premier titre est conditionnelle et subordonnée
au paiement; la novation ne s'opère qu'au moment où cette condition
se trouve accomplie. Par une raison analogue, il faut conclure que la
retraite ou nouvelle lettre de change faite par le porteur non payé
de la traite primitive, en vertu des art. 177 et suivants du Code de
commerce, pour obtenir d'un garant le montant de celle-ci, étant
fondée sur la première traite dont elle n'est qu'un moyen de remboursement, n'opère pas non plus la novation[1]. — De même encore
le jugement de condamnation obtenu en vertu d'une lettre de change
non payée ne fait pas novation quant à la nature de la dette, mais
seulement quant au titre[2].

La novation est dite subjective ou personnelle dans les deux cas
suivants : 1° lorsque, par l'effet d'un nouvel engagement, un nouveau
créancier est mis à la place de l'ancien envers lequel le débiteur se
trouve déchargé; 2° lorsqu'un nouveau débiteur s'oblige au lieu et
place de l'ancien qui est déchargé par le créancier.

Le plus souvent la substitution d'un nouveau à un ancien créancier, en matière de lettre de change, s'opère par l'endossement; mais
il faut bien y prendre garde, l'endossement n'a pas pour effet de pro-

1. Pardessus, Contrat de change, t. I, n° 301.
2. Pardessus, loco citato, n° 302.

duire novation, car il n'entraîne pas l'extinction de la créance ; il la transporte, comme par l'effet d'une véritable cession d'un créancier à un autre. Voici un exemple d'une novation, opérée par suite d'un changement de créanciers : Pierre a tiré une lettre de change à l'ordre de Paul. Ce dernier, qui doit une somme égale à Jacques, et qui ne veut pas s'acquitter en lui faisant à son profit un endossement sur la lettre dont il est porteur, s'entend avec Pierre qui consent à remplacer la lettre souscrite à l'ordre de Paul par une traite à l'ordre direct de Jacques, son créancier. — Dans cette hypothèse, un nouveau créancier, Jacques, est substitué à l'ancien, Paul, envers lequel Pierre est déchargé puisqu'il a acquitté sa dette.

La seconde espèce de novation subjective peut avoir lieu de deux manières : sans le concours du débiteur, c'est-à-dire par voie d'expromission, ou de son consentement, c'est-à-dire par voie de délégation. — L'expromission suppose toujours novation ; la délégation au contraire ne l'engendre qu'autant qu'elle est accompagnée ou suivie d'une décharge donnée au débiteur.

Ainsi l'hypothèse d'une novation par voie d'expromission se présente lorsque le porteur déclare libérer l'accepteur moyennant une acceptation par intervention ; elle peut s'opérer sans le concours du premier débiteur (art. 1274, C. Nap.), car loin de lui nuire, elle lui profite.

Par application du principe du droit civil que les accessoires de l'ancienne dette ne passent pas à la nouvelle, il faut décider qu'une fois la novation opérée, tous les endosseurs et les garants intermédiaires, tels que les donneurs d'aval et les cautions fournies en vertu des art. 120, 151 et 152 du Code de commerce, sont affranchis[1] ; ils ne pourraient plus être poursuivis au moyen de l'ancien titre qui se trouve éteint par la novation, et en vertu du nouveau titre seulement dans le cas où, conformément à l'art. 1281 du Code Napoléon, ils auraient accédé au nouvel engagement.

1. Locré, t. 2, p. 335 et 336.

Mais la proposition inverse n'a pas lieu : la novation opérée à l'égard d'un garant, qui est remplacé par un autre garant, ne peut avoir aucune influence sur la condition des autres obligés, ni même leur enlever leurs droits contre le premier garant.

Puisque la novation produit à l'égard de la dette éteinte les mêmes effets que le paiement, et puisque le paiement fait par l'un des co-débiteurs solidaires libère les autres envers le créancier (art. 1200, C. Nap.), l'art. 1281 a disposé, en conformité de ces principes, que, par la novation opérée entre le créancier et l'un des débiteurs solidaires, les codébiteurs sont libérés. — Cette disposition du droit civil est applicable avant le protêt faute de paiement, au cas où il y aurait plusieurs coaccepteurs qui seraient libérés par l'effet de la novation opérée avec l'un d'eux, et après le protêt elle est applicable indistinctement à chacun des obligés.

La novation peut être annulée dans la suite comme faite moins de dix jours avant la faillite du débiteur; mais le porteur ne pourrait pas dans ce cas recourir contre les endosseurs (Limoges, arr. 6 mars 1841). En effet, le porteur perd tout recours contre les endosseurs pour défaut de protêt à l'échéance; or, quand il accepte, à la place du paiement, de conclure une novation avec le débiteur, il ne peut faire protester, car il est considéré légalement comme payé de sa créance primitive. Les endosseurs peuvent donc lui opposer le défaut de protêt, alors même que la novation est mise à néant pour une cause quelconque.

Vu, pour l'impression, par le professeur soussigné président de l'acte public.

Strasbourg, le 6 janvier 1858.

THIERIET.

Permis d'imprimer :
Strasbourg, le 7 janvier 1858.
Le Recteur, DELCASSO.

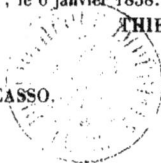